JN288648

なぜか気持ちが楽になる子育ての本

うれしい！　わが子の成長が見えてくる

木全徳裕＝著
かとうようこ＝絵

くまさんと いっしょに おどりたいね〜
あー
あー

くもん出版

なぜか気持ちが楽になる子育ての本

うれしい！　わが子の成長が見えてくる

まえがき

わたしが公文式の直営教室・責任者をさせていただいて十数年。一〇〇〇組を超《こ》える親子と接し、一言《ひとこと》で言いつくせないほど、多くのことを学ばせていただきました。

子育てにかぎらず、人を育てるということは、けっして楽しいことばかりではありません。自分の思うようにはいかず、葛藤《かっとう》したり、苦しんだりすることがしょっちゅうだと思います。

しかし、それらを超えて喜びを感じさせてくれるもの、それが何といっても、わが子（相手）の成長であり、自分自身の成長だと思うのです。

銀《しろがね》も　金《くがね》も玉も　何せむに　勝《まさ》れる宝　子にしかめやも

これは、万葉の歌人・山上《やまのうえの》憶良《おくら》という人の短歌です。

「どんな金銀財宝なんかより、子どもこそがいちばんの宝」という意味で、わたしも大好きな歌ですが、ただ、宝だからこそ、悩みもたくさんあるのが子育てといえるかもしれません。

ですから、わたしは親御さんとの初めての面談には、平均二時間はかけてきました。なぜ二時間かといいますと、ご両親がどんな想いで、何を大切にして、子育てされているのか。今、どんな悩みを持っておられるのかを知りたいからです。一人の子どもの成長にかかわる以上、わたしは、この面談をいちばん大切にしています。

初めてお話しするなかで、今まで心の奥深くに封印してこられた悩みを、涙を流されながら吐露《とろ》されるお母さんもおられます。

「子どもが生まれて以降、子育てを楽しいと思ったことは、一度もありません。子育てが楽しいと思えるようになりたいです」

「わが子をだきしめられなくなったんです。なぜか分からないんですけど、生理的に受けつけないんです。わたしは母親失格です」

面談が進んでいくなかで、子どもが生まれてまもない赤ちゃんのころや乳幼児期はもちろんのこと、お母さんの生育歴までおうかがいすることも少なくありません。

「わが子が社会に出るときには、こんなふうに育っていてほしい」

親御さんの想いの「背景」には、子どもの現在のこまっている症状だけではなく、ご自身の生育歴から来ていることも少なくないからです。

ここまで切実ではないお母さんでも、みんな、それぞれにいろんな悩みを持っておられます。

そんなお母さんの悩みを知り、そのうえで、その子の性格でいいところを幼稚園や学校であったエピソードでお聞きします。すると、お母さんのわが子への想いがあふれてきて、「そういえば、こんなこともありました」と、どんどん教えてくださいます。

そうやって、お母さんにいろいろとお聞きすればするほど、

「こんな素敵なお母さんの子を、よりよい方向にサポートしてあげたい」

「このお母さんに最高の笑顔を取りもどしてあげたい」

といった、わたし自身の想いがつのってくるのです。

ですから、初め、悲壮感ただよう表情で来られたお母さんが、年月がたち、子どもの成長にともなって、安心感に満ちあふれ、幸せそうな表情をされるようになったとき、わたしはこの仕事と出会えてよかったと、心底《しんそこ》思うのです。

「子育てを楽しいと思ったことはない」と涙を流されたあるお母さんは、今、すごく明る

く、幸せな表情をされています。そのお母さんに、わたしはあるとき、お聞きしました。

わたし「ここ数年、ずっと、おだやかでやさしい、ほんとにすばらしい表情をされていますね。幸せを実感されているんじゃありませんか」

お母さん「そうですね。裕明もあらゆる面で成長してきたし、わたし自身のイライラもへったし……、たしかに今、すごく幸せかな」

こんなふうに親御さんの心境が変化するポイントは何だったのでしょうか。わたしは、子どもを見る視点が〈評価する視点〉から〈成長を喜ぶ視点〉へと転換したことだと思っています。

一般的に親御さんは、わが子を愛するがゆえに、「あれもできない」「これもまだできない」と、ついつい〈評価する視点〉で子どもを見てしまいます。しかし、〈評価する視点〉でわが子を見ていると、子どもが苦しめられるだけでなく、親御さん自身も苦しくなってくるのです。

もちろん親として、わが子の現実はしっかり直視しておく必要はあります。ただ、「あれができていない」「これもまだ……」と〈評価する視点〉でばかり子どもを見ていると、わが子が何かできるようになっても、子どもと成長を喜びあうことができません。それどころか、

「そんなことはできて当たり前。それができたら次はこれよ」

とかり立てるばかりになってしまいます。そして、親としてわが子に次にできるようになってほしいことは永遠に続くため、親子ともにしんどくなってくるのです。

それに対して、〈成長を喜ぶ視点〉とは、子どもが過去できなかったことが、今、できるようになったことを素直に親馬鹿する視点です。

親馬鹿することのすばらしさについては、第二章でくわしく説明しておりますが、この視点で子どもを見ることができるようになると、家庭の空気、雰囲気がその日から楽しいものに変わります。あるお母さんは、その変化の様子をメールでこんなふうに伝えてくださいました。

〈評価する視点〉から〈成長を喜ぶ視点〉へと、わたし自身が変える努力をしてみたら、家庭の空気がまるっきり変わったんです。そして、そのことで、子どもも親も楽に

なりました。わたし自身、「親なんだから、こうしなきゃ」といった呪縛《じゅばく》から解《と》きはなたれ、ぐんじょう色からオーロラって感じです。できないことを気にするのではなく、わが子の小さな成長やがんばりを喜べるようになり、親子ともいい感じで〜す。

人はみんな、他人を見たら、無意識に評価してしまうものです。相手がかわいいわが子となれば、なおさらでしょう。だからこそ、〈成長を喜ぶ視点〉を「意識」することが大切だと思うのです。

「意識」するだけで、子どもの様子を見ていても、今までと見えてくるものがちがってくるので、子育てが楽しくなってくるのです。

それだけではありません。この視点を「意識」するようになると、やがて、親御さんもご自身を〈成長を喜ぶ視点〉で見ることができるようになります。すると、自分の成長もわが子の成長も、ゆったりした気持ちで見守れるようになり、精神的に楽になっていきます。そうなると、家庭の空気そのものまでよい方向に変化していくのです。

わたしは、子育てで一喜《いっき》一憂《いちゆう》している親御さんが大好きです。一喜一憂できるのは、それだけ真剣にわが子を思っておられる証《あかし》ですからね。

わたし自身も、子どもたちの成長に大喜びする一方、ときには感情をコントロールできず、反省ばかりをくり返している身です。この本に書かせていただいていることも、それを目指している先生の一人、父親の一人にすぎず、そのことを完全にできているわけでもありません。

ただ、多くの親御さんがわが子と格闘するなかで生まれてきた知恵には価値があるものがたくさんあります。それを一人でも多くの親御さんにお伝えすることで、精神的にも楽になり、楽しく子育てされる人がふえてほしい。そんな想いから、〈成長を喜ぶ視点〉を軸としてまとめさせていただきました。この本が一所懸命子育てをされる親御さんへのエールになれば幸いです。


ところで、本書のなかには、「お母さん」という言葉がたくさん出てきます。しかし、これは何も、お母さんだけを対象にしているというわけではありません。いや、それどころか、一人でも多くのお父さんに、子育てに参画するうえで、ぜひ読んでいただきたいと思っています。ただ、わたし自身がやりとりした、そのほとんどが、子育てに直接的にかかわっているお母さん方でしたので、そういう表記にしたにすぎません。

そんなお母さん方から学ばせていただいたいちばん大事な子育てのポイント、〈成長を喜ぶ視点〉についてのべたのが第一章です。

続く第二章では、素敵な親御さんの共通点から教えられたことをまとめています。

第三章は、ほめて育てるためのカギとなる「子育てビジョン」についてのべています。

第四章、そうは言っても子育てに悩みはつきものです。そんなときのヒントになる知恵をいくつかあげています。

第五章は、家庭ですぐにできるやりとりや、子育てが今日から変わる実践法についてのべました。

最後に第六章では、「こうとらえると子育ては楽しいものになります」という考え方をまとめました。

本書はこのような流れにはなっておりますが、第一章から順をおって読まなくてはならないものではありません。興味ある箇所からお読みいただき、多少なりとも子育ての参考になれば幸せです。

◎目次◎

第二章

イキイキ子育て四つのポイント

第三章 子育てビジョンを持とう！

第四章

すぐに役立つ！　イライラしたときの知恵

第五章 「早くしなさい！」にサヨナラする方法 ～自分からヤル子へ～

第六章 「想い」があればだいじょうぶ！

第一章

「うちの子スゴイ！」子育てが楽しくなる視点

「共育」ってすばらしい！

賢太郎くん（仮名、当時・年長）が初めて教室にきたときの光景は、今でも忘れません。スナック菓子を食べながら教室へ入ってきたんですが、入り口でつまずいて、バラバラーってこぼしたんです。「あっ、いいよ、いいよ。先生が掃除するからね」というよりも速く、落ちたスナック菓子をひろって食べる賢太郎くんでした。

さらに、教室のなかに入ると、ピョンとイスの上にとび乗って、興味しんしんという感じで周囲をながめたのです。このままだと、小学校で授業をしっかり聞けるだろうかと心配になるほどでした。初めて会ったわたしですらそう感じたのですから、

「お母さんはどれほど悩まれているだろう……。悩みをだれにも言えず、苦しんでいるん

じゃなかろうか」

そんなふうに思いをはせたことを、昨日のことのようにおぼえています。

その賢太郎くんが今では、わたしやほかの先生が、特別そばで見ていなくても、もくもくと一時間近く、机に向かって勉強できるようにまで成長してきたのです。

でも最初の出会いは、前述のような感じでした。

わたしはお母さんと別日にお会いし、生まれてから今までのことをお聞きしました。

賢太郎くんのお母さんは、ときに涙をうかべながら話してくださいました。


「夜泣きがひどく、寝返りも遅かったんです。言葉が出るのも遅かったです」

「何で？　何でなの？　と何度も泣きました。みんなにできて、この子だけできないというとき、つらいんです。それは、この子もつらいと思います」

「子育てが楽しいと思ったことは一度もありません」

そんな話をしてくださいました。

また、臨床心理の先生からは、

「公文式など、じっくり成長を見守ってくれる先生をさがしていけばいいのではないかと言われました」と話してくださいました。

子育てビジョンに向かってチャレンジ

わたしが、「賢太郎くんの現状を考えず、将来成人して社会に出たとき、どんな大人に育っていいてほしいですか?」とお聞きすると、

「自分でやりたいものがしっかりあって、社会で生きていく力を持った子になってほしいです。そのためにも、あきらめずにチャレンジしたり、ねばったりできる力を持ち、人の役に立つ子になってほしいです」

と即答が返ってきました。こういうお母さんの「想い」を、わたしは「子育てビジョン」と呼んでいるのですが、この「想い」を知ったことで、「この子を何とかしてあげたい」と思う気持ちがより強くなってきました。

そこからお母さんの子育てビジョンに近づくための、お母さんとわたしのチャレンジが始まりました。

初めて賢太郎と相対《あいたい》したときには、あちこち行けないように、わたしのひざの上にすわ

らせました。そのうえで、『ことわざカード』*ほか、いくつかのカードを遊び感覚で読んでいったのです。『ことわざカード』というのは、「月とすっぽーん」「花よりダンゴ」など、リズム感がいいので幼児に大人気のカードです。「学ぶことって楽しい」という感覚を身につけるのには、『ことわざカード』はかなりいいツールなんですね。

お母さんのたった一分のチャレンジからはじまった子どもの変化

賢太郎くんにとっては初めて見るカードですから、わたしが上の句も下の句も全部声に出して読んだのを、ただ、じっと見入っていただけでした。しかし、お母さんが翌日、翌々日と『ことわざカード』を読んでくださった努力もあり、賢太郎くんの感動ドラマは、二回目の学習日から始まりました。

教室へ入ってきて、何と、自分からイスにすわったんです。わたしは、もうそのことだけでうれしい気分でした。それだけじゃありません。前回は、ただ見入っていただけの『ことわざカード』を、わたしが上の句を読むと、下の句を一七枚も言ってくれたのです。「すごい、賢太郎くん、すごいぞ。今日、自分からイスにすわっただけでも、先生、感動したのに、こんなにことわざを言えるようになるなんて！」

カード：B６サイズのカードの表と裏に、絵とひらがな・漢字・数字などが印刷してあり、親子で向かいあって遊びながら、言葉や文字・数字を学ぶ教具。指先の運動機能が十分でない幼児にとって、本のページをめくるよりも楽にあつかうことができる。

わたしは、周囲のお母さんといっしょに賢太郎くんをほめまくりました。賢太郎くんも、うれしそうにニコニコしています。**実際、わずか数日でこんなに成果が出たのは、お母さんの努力以外の何ものでもありません。でも、賢太郎くんのお母さんを見ると、不安げな表情でこんな話をしてくださいました。**

「カードをしていても、楽しそうにはしてくれなくて、『ことわざカード』を一日一回、わたしが一方的に読んでいるだけなんです。時間にすれば一分ぐらいですけど……」

賢太郎くんのお母さんのえらいところは、子どもがカードを楽しそうに聞いていなかったときでも、「一日一回、『ことわざカード』を読む」ことを続けられたことです。たとえ一分間であったとしても、子どもがそれほど喜んでいる様子を見せてくれないなかで、毎日読むのは、根気がいるものです。そんなお母さんの努力が実って、その成果は、すぐに賢太郎くんに出てきたのです。

三回目の学習日。それは、お母さんとわたしにとって、すごくうれしい日になりました。教室に入ってくるなり、「今日も、おとなしくすわっとこ！」と言いながら、自分からイスにすわりました。

「賢太郎くん、今、すごいこと、言ったな。木全先生、感動したぞ!」

そんなふうに喜びながら、その日もことわざカードをやりました。なんと、二四枚も、下の句が言えたのです。前回から七枚もふえました。もう、わたしはとびはねたい気分です。

この日のお母さんは、ほんとうに素敵な笑顔をうかべながらこんな話をしてくださいました。

「カードのとき、家でも、だんだんと下の句をうれしそうに言ってくれるようになったので、わたしもすごく楽になりました」

言えるカードがふえたことで、初めはそれほど楽しそうではなかった賢太郎くんの心に変化があらわれはじめたのです。

以後、いろいろなカードを遊び感覚でやっていくうちに、

「もう、そろそろ、新しいカードがしたいなぁ」

「早くぼくも、お話を読みたいなぁ」

と、どんどん意欲的な言葉を言ってくるようになったのです。このころになると、お母さんも、イキイキした表情で、家での様子を報告してくださるようになりました。

「ここ最近は、わたしが何も言わなくても、自分から机に向かってくれるようになったんです」
「今まで多くの専門家の方から『文字は幼児期に教えたらいけません。必ず、勉強ぎらいになりますから』と言われていたんですよ。でも、読める字がふえると、子どもってこんなにも意欲的になるものなんですね」

賢太郎くんの変化にともなって、お母さんがどんどん元気になっていかれている様子を、表情や言葉から感じとることができて、わたし自身、すごくうれしかったのを覚えています。一年たったころには、賢太郎くんは「かさじぞう」などの、かなり長い昔話もスラスラ読めるようになってきただけではなく、読んだあと、物語の感想までしゃべってくれるまでに成長したのです。

わたしが何より感動したのは彼の学習姿勢の成長でした。一時間近くも、わき目もふらずに集中できるようになったのです。**そのころは、小学校に通いはじめていましたが、お母さんが参観したときも、ちゃんと授業を聞いていて、ホッとしたと言っておられました。**

また最近では、こんなこともありました。直也くん（仮名）という男の子に、わたしがちょっと注意をあたえたときです。直也くんは、わたしに注意されたことが、よほどショックだったようで、その場で泣いてしまいました。

でも、おどろいたのは、そのとき、直也くんの横にいた賢太郎くんの言動でした。

「だいじょうぶだよ。直也くんは、すごくむずかしい問題もできているでしょ。だから、泣くことないんだよ！」と声をかけたのです。

人のことなど、気にもかけていないふうだった賢太郎くんが、泣いているお友だちの気持ちを敏感に感じとり、心からはげましていたのです。この話を聞いたわたしは、まさに、「学習を通して、心そのものが育ってきている証《あかし》」と、うれしくてたまりませんでした。

「ことわざカードを一分間読む」というところから始まったお母さんのチャレンジ。それが、子どもの成長にともなって、どんどんお母さんが元気になっていく。また、お母さんがわが子の成長を喜べるようになっていくことで、子どもがイキイキしていく……。親と子の関係の理想は、このように、ともに育っていく「共育」の状態ではないでしょうか。

こんな親子関係になっていくと、うれしいことや感動することがどんどんふえてくるんですね。

もちろん、「共育」は親と子の関係だけの話ではありません。賢太郎くん親子との出会いは、わたし自身をすごく成長させてくれましたし、お母さんの子どもを思う愛、それにともなう努力が、ここまで子どもの状態をよくするのだということを、改めて実感させてくれました。

成長を喜ぶ視点と評価する視点

わたしは常々、〈成長を喜ぶ視点〉で子ども（人）を見ることが大切だと思っています。〈成長を喜ぶ〉とは、友だちとくらべてどうこうではなく、あくまで、その子の「過去」とくらべて成長したところを観察して、おおいに喜ぶことを指しています。

これと正反対の視点を、〈評価する視点〉と呼んでいます。〈評価する視点〉で子どもを見てしまうと、「ここができていない」「あそこができていない」と、できていないところばかり、目につきはじめます。**この視点で子どもを見るようになると、わが子が成長して**

評価される視点
ママ〜
わたし逆上がりできるようになったよ
そんなことできて当たり前！
みんなできるわ！
やな感じ…

も、親は心のなかで感動しつつも、素直に喜べません。

「そんなこと、みんなはもう、とうの昔にできているのよ。それができるようになったら、次はこれよ」

と、つい、かりたててしまうんですね。〈評価する視点〉でわが子を見るようになるのは、たいてい、幼稚園に通うようになるあたりからです。これはわが子を愛する親なればこその想いなのですが、それが過剰《かじょう》になると、親子関係が悪くなっていくだけでなく、何より親御さん自身、子育てを楽しむことができなくなります。

もちろん、現実の直視は必要です。ただ、現実は受けとめながらも、「この子がより成長するように、今はこんなことを意識して接するようにしてみよう」と考えて行動した場合には、わが子のどんな小さな成長にも感動できるようになるのです。

ちなみに、〈成長を喜ぶ視点〉で子どもを見ることがふえてくると、やがてわたしたちは、自分自身についても、同じ視点で見ることができるようになっていきます。

自分にはこういうところが足りなかったと、現実を直視することはすばらしいことです。そのうえで、できていないところばかりにとらわれるのではなく、

「こんな知識を得たんだ。今日からひとつ、一日一回子どもをほめることに挑戦してみようか」

「できない日が多くても、それに気づけるようになったわたしって成長したわ」

と考えるようになると、精神的にとっても楽になり、子育ても楽しめるようになるのです。

目に見える成長だけでなく、目に見えない「心の成長」までを喜ぶ

山口さん（仮名）という、明るくて素敵なお母さんがおられます。山口さんは、「知子（仮名）は、お兄ちゃんとくらべて、ほんとに何もできないんです」というのが口ぐせで、いつもなげいておられました。

わが子がかわいくてたまらないから、つい心配になってしまう……というのが分かっていたので、「知子ちゃんには感謝するところばかりでしょう、お母さん？」と、あえて水を向けると、笑いながらも、「たとえばどこが？」と問われました。

そこでわたしは、

「元気に生まれてきてくれたことでしょ。健康なことでしょ。学校に元気に通っていることでしょ。いい友だちにめぐまれていることでしょ。明るくてかわいらしいことでしょ。机に向かって勉強するのが習慣になったことでしょ。むずかしい問題と出会ったときでも、投げださずにがんばれるようになったことでしょ」

と、次から次へと例をあげると、山口さんは「ほんまや。先生、すごーい」と、わたし

が言ったことに「うん、うん、たしかに」と、笑顔でうなずかれました。

元気、健康というのは、つい当たり前のことになりがちですが、それを知らされただけで、山口さんは今まで当たり前だと思っていたことに、改めて感謝されるようになりました。

わが子に感謝したり、ほめたりすることが苦手な人は、「わが子が何か特別にすばらしいことをしたときには、ほめてあげるわよ」と思われている人がほとんどです。でも、毎

自分がされたらいやですよね
一所懸命
つくったのよ
それより
塩味が
足りん！
それなら
明日からあなたが
つくればいいんじゃない！

日の生活で「何か特別のこと」がしょっちゅう起こるはずもありません。結果、そういう親御さんは、「ほめてあげたくても、うちの子、ほめるところがないんです」となるのです。

一方、ほめ上手の人は、ごく当たり前だと思えることに感謝したり、喜んだり

します。〈元気に生まれてきてくれたこと〉や〈毎日、学校へ行っていること〉など、本人にとって当たり前と思うことを感謝されると、子どもはがぜん、やる気が出ます。というより、「その程度のことで喜んでくれるのなら、もっと、お母さんをびっくりさせてやろう！」っていったような気持ちが芽ばえてくるのです。

反対に、何をがんばっても、「そんなことはできて当たり前。みんな、できているわよ」と否定されると、一般的には意欲がなくなっていくものではないでしょうか。

お母さんだって、そうですよね。一所懸命つくった料理に「塩味が足りん」だの何だの言われて、「明日は気に入ってもらえる料理をつくれるよう、もっとがんばらなきゃ！」と思えるでしょうか。そう思われるお母さんは、人格的にりっぱな方だと思います。一般的には、「それなら、明日からあなたがつくればいいんじゃない！」と反発される方のほうが多いと思うんです（笑）。

では、子どもや夫から「いつもおいしい料理をつくってくれて、ありがとう」と感謝されたらどうでしょう。「明日の夕飯は、好きなおかずを一品ふやしてあげようかしら」なんていう意志も芽ばえますよね。それぐらい、うれしいものだと思うんです。

人の気持ちですから、大人も子どもも感じることは同じです。ですから、子どもにとっ

て当たり前だと感じていることに感謝したり、喜んだりすることが、子どもをほめて育てるときのポイントなのです。

話をもどします。そんな山口さんと、再びお会いしたときのことです。いつものように、お兄ちゃんとくらべて、知子ちゃんのことをなげかれるかなと思っていたら、何と、おっしゃる言葉がまるっきりちがいました。

「知子はすごいですよね。たし算、ひき算、かけ算、わり算などは、お兄ちゃんやわたしなんかより速くなりました」

「分数とかもパッと答えて正解なのでびっくりしているんです」

「初めのころは、時間がかかったときって、ほんとにしんどそうでしたし、いやそうでした。それが今は、時間がかかったときでも、『おわったよ！』と、さらっと言うようになったんですよ」

「最近は、問題がむずかしくても、いやいやじゃなく、楽しそうに見えるから成長したなあと思うんです」などなど。

お母さんは、わが子の成長に感動されたご様子でしたが、わたしはわが子の成長をピンポイントで見て感動しているお母さんに感動していました。わたしが「お母さん自身がす

ごく変わられましたね」と言うと、「はっ?」という感じでしたので、「お母さんの〈子

どもを見る視点〉が以前とまったくちがいますよ。今日は、ほめ言葉しかないですもの」

とお伝えすると、「あっ、そっか」と。お母さん自身が〈成長を喜ぶ視点〉になったので、

子どもを見ていても、見えてくるものが変わってきたのです。

子育てを楽しむためのポイントは、〈成長を喜ぶ視点〉で子どもを見ることです。今、できていないところがあったとしても、その現実は素直に直視したうえで、「過去」とくらべてどんなふうに成長したのか、〈目に見える成長〉だけでなく、〈目に見えない心の成長〉までを見てあげて、いっしょに喜ぶのです。

前述の山口さんの言葉のなかで、初めの二つは、問題ができるようになったという〈目に見える成長〉を喜んでいますが、三つ目と四つ目は、目に見えない子どもの〈心の成長〉までも喜んでおられますよね。わたしは子ども自身が大きく成長したことにも感動しますが、子どもの〈心の成長〉を加点法で見つけ、喜べるお母さんになられたことに、すごく感動するのです。山口さんは今や、〈評価者〉ではなく、子どもとともに走りながら、認め、ほめ、はげます〈伴走者《ばんそうしゃ》〉のような存在になりつつあるのです。

一般的には、何事においても〈結果〉で判断しますよね。子どもの成績やどこの学校へ入学するかなど。また、学校や幼稚園での態度が悪かった場合でも、ちゃんとできているか否《いな》かという〈結果〉でおこられたりします。**わたしは、子どもに〈結果〉があらわれていなくても、その子の意志や心がどう成長してきたのかを観察して、子どもとやりとりするように心がけています。そうしたほうが、子どもは「今度からは、もっと、こうしてみよう」という意志が育まれやすいのです。子ども自身の「意識」が変われば、今までできなかったことができるようになるのも速くなるのです。**

夢や目標は充実した人生を生きるための原動力

「大人になっても、自らの心を高めつづけ、成長しつづけている人がすばらしいんだよ！」

わたしはこのことを、いつも子どもたちに話しています。

実際、この考え方を身につけた人は、仕事をするようになっても、子育てをするようになっても、〈過去とくらべて成長しているかどうか〉という視点で、他人も自分自身も見るようになります。**〈成長しつづけること〉に価値をおいているため、慢心《まんしん》することがありません。そのいい例が、メジャーリーグで大活躍のイチロー選手です。**首位打者を何度取ろうが、最多安打で世界記録を更新しようが、傲慢《ごうまん》になることもなければ、慢心することもありません。常に、あらゆる人、あらゆる本から学びつづけていないと、成長しつづけられませんからね。ですから、自らの心を高めつづけ、成長しつづける人とは、〈素直な心で学びつづけられる人〉と言いかえることができるかもしれません。

　そして、人の「心の成長」を加速していくために大切なのが、夢や目標を持っていることです。人は、自分自身の夢や目標に向かってチャレンジしているとき、いちばん輝いているのではないでしょうか。中学生や高校生が、県大会でも全国大会でも何でもいい、ある目標に向かって必死に努力しているとき、その子たちは、まちがいなく輝いています。そう……、「自分から」率先して早朝練習にも行くでしょうし、自主的に素振り練習も行います。「自分から」とは、その子の意志であり、心そのものといえます。それが、目標を持ってチャレンジしているときに、どんどん育っていくのです。

　そして、人が輝くのは、夢や目標を実現したからではありません。夢が実現するか否《いな》

かよりも、夢に向かって、目標に向かって邁進《まいしん》していること自体が、その人の心の成長を加速し、人生をより充実したものにします。それは、甲子園球児たちを見ていてもよく分かりますよね。

目標……と言われると、「わたしは、そんなたいそうなものは持っていません」とおっしゃる方も多いかもしれません。

でもそれは、目標を壮大なもの、他人に言えるレベルのものでなければならないと思いこんでいるからです。生活していくなかで、どんなにちっぽけに見える目標だっ

てかまわないのです。

「いついつまでに、何キロダイエットするぞ！」でもいいし、「子どもを一日一回ほめることのできるママになりたい」でもいいんです。「ああしたい」「こうしてみるぞ」そんな想いが目標につながります。

スポーツでも、趣味でも、「上達しているなぁ」「成長しているなぁ」という実感をともなうとき、人は楽しくてたまらなくなるものではないでしょうか。

成長しつづけようと努力する人間になれば、人生の充実感がずっと続きます。

「もっと、うまくなりたい」

「夏までに五キロやせるわよ」

どんな目標でもかまいません。夢や目標に向かってチャレンジすることは、充実した人生を生きるための原動力です。だからこそ、子どもの間に、どんな小さな目標でもいいので、それに向かってチャレンジしつづけた経験を持ってほしい……、そう思うのです。

何のために学ぶのか

わたしの教室に、山中大輔くん（仮名）という男の子がいます。読売巨人軍の高橋由伸選手が大好きな少年です。わたしが大輔くんと出会ったのは、年長のころでしたが、その当時、彼はお母さんといっしょに高橋由伸選手の本を読んでいたそうです。その影響から、思うようにならないときでも、高橋選手の言葉「今がんばらなくて、いつがんばる」という言葉を思い出してがんばっている、とわたしに言ってくるような男の子でした。

その子が年長当時、将来の夢について、こんなふうに書いていました。

松下幸之助さんも、国民のためにナショナルという会社をつくったと木全先生におしえてもらいました。ぼくは、日本一の男になって、みんなのためにSARS*という、こわい病気を研究して、薬をだします。そして、一人でもしんだらもっと研究します。

夢を持っている子ども（人）というのは、ほんとうにイキイキしているものですね。ところで、「ナショナル」の話が出ていますけど、これにはエピソードがあります。大

SARS（サーズ）：重症急性呼吸器症候群。新種のコロナウイルスである「SARS ウイルス」が原因の、新しく発見された感染症で、2003 年に世界中で猛威をふるい多くの死者を出した。

輔くんと出会ってしばらくたったころ、「日本を背負《せお》うぐらいの男になれよ！」と、わたしが何かの機会に雑談で話したのが、いつのまにか、彼のなかで「日本一の男になる」となり、そして、それがいつしか、「ハーバード大学へ行く」となっていたそうです。しかし、自分のやりたいことも決まっていないのに、学校名が出てくることに、お母さんは、不安がっておられました。

そこである日、わたしはたずねました。

わたし「大輔は日本一の男になりたいと思って、ハーバードへ行きたいんだって。ところで、ハーバード大学へ行ったら、日本一の男になれそうか？」

大輔　「うーん、何かそんな気がする」

そこでわたしは、松下幸之助さんの話をしました。

「松下幸之助さんはね、松下電器という会社をつくった人なんだよ。松下さんは、二股《ふたまた》ソケットを開発したところから電化製品をつくりはじめたんだけど、何かのときに、英和辞典を見たとき、〈ナショナル〉というところに、〈国民の〉という意味を発見する。そのとき、こう思われたそうだ。

『ナショナル。実にいい言葉だ。これこそ、わたしが思っていたことだ。わたしは、国民の生活をより豊かにしたいと思って、電化製品を研究開発しているんだ！』

そう思われた松下さんは、ナショナルという言葉を商標にして、国民の生活がより豊かになるように、努力され、のちに経営の神様と呼ばれる人になられたんだよ」

大輔くんは初めて聞く松下幸之助さんの話に興味しんしんです。そのうえで、

「ところで、松下さんはね、小学校しか出てないんだよ」と話したのですが、このときの大輔くんのおどろいた表情といったらありませんでした。そこでわたしは、さらに続けました。

「だからね、まず大事なのは〈志〉なんだよ。〈志〉っていう字は、十ある心を一つにするって書くだろう。いろんな、『あれしたい』『これしたい』があるよね。これが十ある心だよ。心とは、ころころ変わるから『こころ』とも言えるんだ。それを一つに決める。おれの人生、これにかけるぞ！　って感じかな。そうやって、自分のやりたいこと、目指したいことをするために、ハーバード大学で専門的な知識を身につけないといけないから、その大学へ行きたいっていうことは、すごいと思うんだ。でも、このことと、日本一の男

になりたいから、まずはハーバード大学っていうのとはちょっとちがうんだな。この微妙《びみょう》なちがい、分かるかな？」

こんな話をしました。まだ、年長の幼児さんです。ちょっと内容がむずかしすぎるかなと思いましたが、即座に「うん、分かったよ」という言葉が返ってきました。そして、翌日、お母さんから次のようなメールが来ました。

「先生の話は理解できたよ。ハーバードへ行くのはいいけど、小学校しか出てなくても、松下幸之助さんみたいにすごい研究開発した人もおるねんて。すごいよなぁ」って話していました。将来の夢がまだ決まってないのに、大輔から学校の名前ばかり出てくることにとまどっていました。これをきっかけに松下幸之助さんの伝記を二人で読んでみます。

子ども時代に伝記とふれあっておくことは、子どもの人生にとてもよい影響をあたえます。りっぱな人物がどんな想いを持って、何のために学び、努力してきたのかが、本物の物語の迫力で心に残っていきますからね。

ですから、わたしの話がきっかけになったとはいえ、子どもが興味を持ったなら、すぐに松下幸之助さんの伝記をいっしょに読んでみようとされるお母さんは、ほんとうにすばらしいと思います。ふつう、「こうしたほうがいいな」と分かってはいても、なかなか行動までうつせないものですからね。わたしなど、行動が遅いほうなので、大輔くんのお母さんの素早い行動を見て、反省しきりでした。

小学校高学年になった大輔くんの今の夢は、「昆虫博士になりたい」というものです。そのためには、「どんな大学に行けばいいのか」なども、いろんな人に聞いています。

「こうなりたい」

「あんなふうになりたい」

子どもの夢や目標は、そのときどきでころころと変化するものです。それこそ、十の心がありますからね。しかし、そのとき何を目指していたとしても、「自分から」という意志や心が子どもに芽ばえ、その実現に向けて努力してくれるように育ってくれたら、子どもを見守る側として、これほど安心できるものはありませんね。

まぁ〜〜 ありがと〜〜♫
たすかるわぁ
ママとってもうれしい!!
えへへ
またやるよ♪

第二章

イキイキ子育て四つのポイント

「自分からやろう」という意志や心を育むために

「何のために」をわが子に伝えよう

では、どのように導けば、「自分からやろう」という意志や心を育んでいけるのでしょうか。

それは勉強でも、スポーツでも共通していえることですが、まずは、「今、やっている練習が何のためなのか」を子どもに語りつづけることです。

野球でもテニスでも、「何のための練習なのか」が分からなかったら、ランニングひとつでも、なかなか気持ちが乗っていきませんよね。**どんなスポーツでも、一流に近づけば近づくほど、単調な練習を何度もくり返します。これができるのは、「何のための練習か」**

を本人が知りぬいているからです。

もちろん、「何のための練習か」を何度か言われたからといって、すぐに理解できるものではありません。クラブ活動を始めたばかりの学生が最初にさせられるランニングなどがその典型です。テニス部なら、ランニングより早くラケットをにぎりたいと思うのも、初心者の心情です。「テニスは、〈手ニス〉じゃなく、〈足ニス〉なんだ」と言われても、真意まではなかなか伝わりません。でも、何度も何度も言われつづけているうちに、本人の上達とともに、その言葉の真意が実感をともなって伝わっていくのです。

勉強でもいっしょです。何のために学ぶのかが分からず、ただ、「勉強しなさい！」では、自分から意欲的に学ぶ子にはなかなかなれません。だからこそ、ふだんから「何のために学ぶのか」をくり返し語ることが大事なのです。**この場合、それをすぐに理解できるかどうかは関係ありません。すぐに意味が分からないときから「何のために」を語りつづけることが理解できないでしょう。というより、そのときには理解できないでしょう。**

ちなみに、わたしは「人間は、生涯学びつづけ、成長しつづけることがすごく大切だ」と考えています。成長しつづける人になるための近道は、〈学ぶ楽しさ〉や〈成長する喜び〉を、子ども時代に体感していることです。

「来年は、もっとレベルアップした自分になっているかも……」そんなふうに、自分の変化・成長を楽しみにできるようになった子は、何事に対しても意欲的になっていきます。

「何をほめるか」で今日から子育てが変わる

もうひとつの大事なポイント、それは、「自分からやる」という意志や心を育むことを、親御さんが意識して接することです。

たとえば、ふだん何もしないわが子が、「自分から」食器をはこんできてくれた。そのときに、大喜びするのです。こんなときに、「あらまぁ、めずらしいこと。三日も続いたらほめてあげるわ」なぁんて言っていると、子どもは、「また、明日もやろう」とは思わないでしょう。

明日しなくたってかまわないじゃないですか。とにかく、わが子が「意志」を持って食器をはこんできてくれた行動を喜び、そういう行動を起こしてくれた「気持ち」に感謝するのです。

そうすることで、子どもには、「また、今度もやってみようかなぁ。お母さん、大喜びだったしなぁ」と、自分から起こした行動を「意識」するようになっていくのです。

ほめ育て、ほめ育てとよく言われますが、何でもかんでもほめればいいというものでもありません。

大切なのは、「何をほめるか」です。親御さんが大切にしている価値観は、「ほめる」ことを通して相手の心にいちばん浸透《しんとう》するのです。

ですから、「何をほめるか」を親御さんが意識するだけで、今日からの子育てがまるっきり、ちがったものへと変わっていくのです。

気持ちをほめたら、気持ちが伝わる

中学生と親との会話で、よく、こういうやりとりがあります。


「あんた、今度のテストはどうやったん？」

「えっ！　その〜、なんていうか〜、五八点」

「五八点（怒）。あんた、先生の授業、ちゃんと聞いてたの！」

「お母さん、そんなこと言うけど、平均点は五〇点やってんで」


大切なのは平均点??

テストどうだった?
え…… まあ…… 58点
ちょっと あんた!
でも 平均は 50点だよ
なーんだ がんばったほうねー
おっと!! いかりが消えたぞ
…と、いうことは…
な・る・ほ・ど

「(急にトーンが下がって) あ、そう。じゃぁ、けっこう、がんばったんや。えらかったねぇ」

この会話で、子どもの心に残るのは、「平均点をクリアするかどうかがすべてなんだな」というものです。いや、もしかしたら、「平均点以下のテストはかくすにかぎる!」という意志を育んでしまったかもしれません。

無意識であろうと、結局、何がしかの意志が芽ばえるのです。

だからこそ、「自分からやろう」という、前向きな意志を育みたければ、自分から何かをしたときや、自分で何かをしようとしているとき、その瞬間を意識して認めたり、ほめたり、喜んだりすればいいのです。

世界チャンピオンに何度も輝いた、テニスの杉山愛選手の二歳のころのエピソードに、こういう話がありました。一所懸命、靴ひもをむすぼうとしていたけれども、なかなかできなくて苦労していた愛ちゃん。それを、出かける前なのにお母さんが何十分も待っていたとか。ふつう、五分と待っていられないものではないでしょうか。わたしなど三〇秒でもきびしいです。「はいはい、今日はもういいから」とか言ってはかせて、「はい、行くよ」となると思います。

それを、お母さんが待ちつづけることができたのは、愛ちゃんが、自分から靴ひもをむすぼうとしている「意志」を大事にしていたからではないかと思うのです。なかなかできることではありませんが、ここから学べることは、「自分でやろうとしている」意志を育むことにこだわる親の姿勢ではないでしょうか。

イキイキ子育て四つのポイント

子どもの「自分からやろう」とする意志や心が育っていて、高学年以上になっても、イキイキしている親子を、わたしは十数年にわたって観察してきました。そして、こういう親御さんの共通項をさがしてきました。すると、次の四つの項目が見えてきたのです。

1　子どもが何歳になっても〈親馬鹿心〉で接している。

2 「なぜできないの?」ではなく、「どうしたら、自分からやろうという意志や心が芽ばえるのかな」といつも考えている。
3 孤独にならず、先生や仲のいいお友だちといっしょに子育てをしている。
4 本好きになるように、「読み聞かせ」や「読みあいっこ」に力を入れている。

では、この四つの項目について、さらにくわしくお話ししていきましょう。

その1 親馬鹿心

一人目の子が生まれたばかりのころを思い出してください。初めてハイハイしたとき、大騒ぎしましたよね。「ほら、真央ちゃん、ここまでおいで~」って。

お父さんが帰ってきたら、「ちょっと、あなた。今日、真央がハイハイしたのよ!」

すると、お父さんまでが、

「真央、パパのところまでおいで~」ってやります。これ、まさに親馬鹿と言われる行動です。

ちなみに、わたしのいう〈親馬鹿心〉というのは、「過去できなかったことが、今でき

るようになった」という、過去と現在の成長をむじゃきに喜ぶ姿です。欠点も見ずに、単に盲目的にわが子を愛している、といったイメージのことではないんですよ。

初めてハイハイできたわが子に、「あんたなぁ、おとなりの緑ちゃんは、もっと早くからハイハイしてたのよ」とは言いませんよね（笑）。初めて一歩歩いた子に、「お姉ちゃんなんか、あんたのころには、走りまわっていたわよ。くやしくないの！」とは、言わないですよね。

「くらべちゃイヤよ」の巻

親馬鹿しているときは、どの親御さんも、友だちや兄弟とけっしてくらべません。「過去できなかったことが、今できるようになった」その変化・成長をむじゃきに喜ぶんです。これがまさに

〈成長を喜ぶ視点〉であり、わたしの言う〈親馬鹿心〉です。

それから「むじゃきに喜ぶ」という表現を使いましたが、これがまた大事。「このあたりで、ちょいとほめてやったら、喜んで机に向かうかな」といった感じのほめ方……、いわゆる、〈おだて〉はダメです。〈おだて〉は、人の心をまったくヒットしませんからね。

ちなみに、子どもも三人目、四人目になって、「ああ、もう、ハイハイしはじめたわよ。まだ、動かなくてもいいのに。こまったわねぇ。うかつに物を落とせなくなるじゃないの」と、親馬鹿とまったく正反対の言動になってしまった親御さんもおられると思いますが、そんな方でも、一人目の子のときは、みんな親馬鹿をしてこられたと思うのです。

これを乳幼児のときだけでなく、子どもが幼稚園へ通うようになっても、学校へ通うようになっても、いや、三人目の子どもに対しても、〈親馬鹿心〉で接することを「意識」するだけで、子どもがのびのび育つだけでなく、家庭の空気が明るく楽しいものになるのです。

あと、子どもが二人目、三人目になっても、へんに慣れないことです。「慣れ」というのは、ともすると、感動する心を失ってしまいますからね。いつもピュアな心で感動している親御さんのもとには、ほんとに情緒豊かな、感動する心を忘れない子が育っていく……、子どもたちを見ていて、つくづくそう思うんです。

わたしの父もスーパー親馬鹿でした。わたしが保育所へ行っていたときのことです。ふつう、先生と家庭との〈やりとりノート〉は、母親が書くことが多いと思いますし、中身もたいていは事務連絡事項です。でも、わが家では父親が書いた比率が九割近くで、なおかつ、その中身も、親馬鹿している内容が多かったんですね。たとえば、こんな調子です。

☆ 父の、保育所とのやりとりノートより ☆

今日、トクヒロがブルーナの「さーかす」を読みながら、こんな言葉を口走りました。言った言葉を列挙してみます。「おっとせい」「ボールだ」「団長さんね」「ボタン、これ」「ぼうし」「おめめとおくち」「おひげはピン」「おうま」「ライオン」など、大きな声でどんどん話せます。語いは相当に拡大していて、「おうむ、これ」「きりん、これ」など、何でもしゃべりまくってこちらへも絵本を持ってきて話しかけてきます。

わたしが初めて歌った歌が「きらきら星」だったことも、このノートの父の記述から分かりました。こんな調子で、いつも父は、わたしの成長を親馬鹿してくれたのです。

とはいっても、わたしがよくできたわけではありません。姉たち二人は幼いころからたいへん優秀でしたが、わたしは幼いころから出来が悪く、とくに低学年のころは、「あゆみ」(通知表)をもらってきても、いつも〈がんばろう〉のハンコばかりでした。勉強がよくできた姉からは、〈がんばろう〉〈がんばろう〉と、ガッツポーズしているハンコばかりの「あゆみ」(通知表)を見ては、「トクヒロのあゆみは見ていて、おもしろいわ」と茶化されたぐらいです。

しかし、そんな「あゆみ」(通知表)を見ても、二〇点のテストの結果を見ても、父は「トクヒロは大器晩成型だからだいじょうぶ。大器晩成というのは、あとになって伸びることを言うんだよ」と、優秀な姉二人とけっしてくらべず、プラス暗示をあたえてくれたのです。

もちろん、このとき、母はそうとう心配だったようです。

「この子、だいじょうぶですやろか」というのが、当時の母の口ぐせだったとか。しかし父は、夫婦間の会話でも「心配せんでもええ。あの子はあとになって必ず伸びるから」と母を安心させるように話していたそうです。

実際、記録ノートを見て、改めてわたしは父が長い目で見てくれたこと、兄弟でくらべず、〈親馬鹿心〉に徹《てっ》してくれたことに感謝しています。また、こうやって何かに書いておいてくれていると、あとで子どもが読むことで、親に感謝する気持ちを持ちやすいものだと実感しました。

とはいうものの、父もはじめから〈親馬鹿心〉で子育てができていたわけではありません。旧制高校*卒業後、哲学を学ぶために京都大学へ進学。その後、大学で教鞭《きょうべん》をとっていた父は、大学時代にいたるまで、常に成績はトップクラス。成績が悪かった経験が一度もありません。ふつう、そんな経験しか持っていない場合は、わたしのような出来の悪い子をなかなか親馬鹿できないものです。できて当たり前と思ってしまいますからね。

実際、父が姉を育てているころには、まだまだ、「一〇〇点でない点数が信じられない」という気持ちから、親馬鹿とはほど遠い言葉がけだったそうです。

ですから、三人の子育てを通して、父自身もまた、〈評価する視点〉から〈成長を喜ぶ視点〉へ転換し、大きく成長したにちがいない、そんなふうに思うのです。

そうやって、プラス暗示をあたえられつづけたわたしも、学力が人並みについてきたの

旧制高校：1950年まで日本に存在した、男子のための3年制の高等教育機関。旧帝国大学の予備教育課程としての機能をはたしていた。戦後は多くが新制大学の教養学部、文理学部などに吸収された。

を実感するにつれ、こう思うようになりました。

「ほんとうに言われた通りになってきた。やっぱり、ぼくは大器晩成型なんだ！」と。

出来の悪かったわたしが、「自分だからこそ、できることがあるはずだ」と自負心を持った大人に多少なりとも成長できたのは、どれほど成績が悪くとも、いつもわたしのことを〈親馬鹿心〉で認め、ほめ、はげまし、調子に乗せてくれた両親の影響が大きいと思います。

その体験と、教室でイキイキしている子どもとその親御さんの関係を見るにつけ、親馬鹿心、つまりは〈成長を喜ぶ視点〉で子どもを見ることの重要性を、ますます確信するのです。

その2　「なぜ～？」と責めず、「どうしたら～？」と明るく悩む

次の共通項は、「なぜできないの？」ではなく、「どうしたら、自分からやろうという意志や心を育んでいけるかな」といつも考えているというものです。

これはけっしてかんたんなことではありません。親はついつい、「なんで、これができないの！」と子どもを責めてしまうものですからね。

みんなと同じことができていてほしい。これも親心です。ただ、こういうとき、ふと自分自身を見つめてみるといいのではないでしょうか。自分の身で考えてみたら、「なぜ、こんなこともできないの」って責めつづけられるほど、つらいものはありませんよね。

たとえば、今、わが子をほめることが苦手なお母さんに、「なぜ、子どものよいところをほめてあげないんですか?」と言ってみても、言われた側としてみれば、心のなかで「自分はダメな親だ」とどんどん落ちこんでいくか、「できないからこまってるのよ。悪かったわね」と開きなおるか、どちらかではないでしょうか。

そのことで、「よし、できるようになってやるわよ」と思えるのは、すでに自分に自信があって、なおかつ、強い意志を持っている人だけであって、ふつうは、この言葉がプラスに働くことってあまりありません。また、「なぜ、できないの?」と責めているほうも、〈評価する視点〉になってしまうので、成長しにくくなるのです。

逆に、「どうしたら、この子に意志が芽ばえるのかな」と考えた場合は、同じ状況にあるときに、わたしたちがどんな言葉をかけてもらったらやる気になるかを、自分にあてはめて考えられるようになります。

ただし、ここで大切なことは、できていない子どもが悪いのでもなければ、子どもの意

志を育めていない親御さんが悪いわけでもない、ということです。

どっちがよいとか悪いとかではなく、「どうしたら～」と試行錯誤《さくご》するなかで、おたがいに成長しあっていく関係こそがすばらしいのです。

それぞれの人の人生のなかには、「くっそ～、あいつめ。馬鹿にしやがって」と腹が立つ相手もいるでしょう。しかし、あとから考えたとき、そういう人の存在があったおかげで大きく成長できたことって、いくらでもあるのではないでしょうか。少なくとも、わたしは何度も経験しています。

ですから、「わたしたちの周囲に起きる事象、現象は、すべてわたしたちを成長させてくれるためにある」と思っています。そういう発想で物事をとらえれば、親御さんや先生をこまらせてくれる子どもの存在は、わたしたち大人にとって〈お師匠《ししょう》さん〉といえるのではないでしょうか。

そもそも、子どもはどんなに幼くても、こちらの思う通りには動きません。相手も意志を持った一人の人間ですからね。二歳の子に、「はい、あーん」とスプーンを持っていっても、食べたくなければ、口を開こうともしませんよね。相手が意志を持たないかぎり、口を開けるという、単純なことでさえ、しようとはしないのです。

愛の試行錯誤
あら～～～
どうしたら食べてくれるかしら～
イヤ!
うん!
これなら♪

そこで、いろいろお母さんは考えます。トマトがきらいで食べないのであれば、トマトをじっくり煮こんだスープにしようかしら……など。

実はこれが、お母さん方が、日々、当たり前のようにやっている、「どうしたら～」という意志を育む思考法なのです。ですから、何か新しいことをするわけではなく、お母さん方が、すでに当たり前にされているその思考法を、日ごろの子育てにちょっと生かすだけでいいのです。

その3　まわりの人といっしょに子育て

さて、一番目、二番目の項目を、より楽しくできるようにしていくものが、三番目の「孤独にならず、周囲の人といっしょに子育てする」というものです。周囲の人とは、先生でも、仲のいいお友だちでも、だれでもいいんです。

☆　父の、保育所とのやりとりノートより　☆

「トクヒロの通っている保育所は、日本最高だと、ほんとうに日々感謝しています。わたしが感心する要因の一つに、他の子どもたちが総じて親切で、わたしが行くとみんなが手伝ってくれます。（中略）その家庭的な雰囲気は、それこそ、真の教育の場だとうれしくなります。そういう日本一の保育所に通わせていただいたばかりではなく、日本一の山田先生（仮名）に見てもらえて、こんな幸せなことはないと、家内とはいつも話しているんですよ」

これは、父が保育所とのやりとりノートに書いていた内容ですが、こんな調子ですから、保育所の先生との信頼関係はどんどん深まっていきます。まさに、保育所の先生方といっしょに子育てしている感じです。そのせいかどうかはわからないのですが、「一人の子どものことで、ここまで今日一日のことを書けるのか」とびっくりするほど、保育所の先生の記述が多いのです。

「孤独にならず、周囲の人といっしょに子育てする」というのは、わたしにとっては、「子どもをど真ん中にすえたチーム」をつくっていくようなイメージです。水泳の北島康介選手がアテネ五輪で金メダルを連発したとき、「チーム北島」という言葉がはやりました。北島康介選手の実力があって、金メダルが取れたわけですが、いろいろなところでサポーターがいて、その人たちがチームをつくって、北島選手をささえていたわけです。

子どもにも、こういうチームができあがっていけばいいと思うのです。わが子の名前が健太なら、「チーム健太」をつくっていくイメージです。公園仲間、幼稚園、学校、習い事の先生など、サポーターがふえることで、子どもの成長はより加速されます。

また、親御さん自身も、「自分一人でこの子を何とかしなければ！」という呪縛《じゅばく》からも解《と》きはなたれ、気持ちも楽になるのです。

とはいっても、先生に話すなんて勇気が出ないというお母さんもおられるでしょう。**そういう人は、近所のお母さん友だち、中学・高校時代の仲よしなど、だれでもいいのです**

が、気心の知れた人と〈雑談〉すればいいのです。しゃべるだけでも、気持ちが楽になりますし、そうやって、友だちに相談することが、「チーム健太」をつくっていくことにつながるのです。

気楽で真面目な雑談は知恵の宝庫

子育てにおいて〈気楽で真面目な雑談〉は、ほんとに重要です。わたしがいろんなお母さんにしゃべっている知恵や工夫、子育てのヒントなども、お母さんとの〈気楽で真面目な雑談〉のなかで得たものが多いのです。

企業でも、オフサイトミーティングといって、〈気楽で真面目な雑談〉を奨励《しょうれい》しているところがよくありますが、これも、オフィシャルな会議よりも、気楽に日ごろの問題点や考えていることを〈雑談〉するほうが、知恵が生まれやすいからなんですね。

まして子育ては、子どもの心という、ひじょうにむずかしいものを相手にするわけです。だからこそ、〈気楽で真面目な雑談〉で得る知恵が役立ちます。気心の知れた人とワイワイガヤガヤと〈雑談〉しているだけで、気分が晴れたり、知らず知らずの間に、「今日、

このことにトライしてみようかな」と思うことが出てくる……、そんな経験はありませんか。それこそが、すばらしい〈雑談効果〉なのです。

「わたしは母親失格なのでは……」

「わたしだけが、こんなつまらないことで悩んでいるにちがいない」

思いつめているお母さんほど、そう考えます。しかし、話しあってみると、みんな同じように悩んでいることに気づかれます。

「わたしひとりが悩んでいるんじゃなかったんだぁ」

そう分かっただけで、問題は解決していなくても、気持ちはすごく楽になるものです。

ところで、子どもを上手に育てているお母さんは、本人が意識していなくても、知恵の宝庫です。そういうお母さんから得た知恵で、今日からすぐに役立つもののなかに、こんなものがあります。

なぜ兄弟姉妹がいる場合は、上の子を立てるべきなのか

上の子が年長さん、そして、下の子が二歳児あたりというときに、よくある家庭の風景です。

お兄ちゃんが、ひらがなか何かを、市販のドリルで勉強しています。お兄ちゃんが紙に何やら書いているのを見て、弟は自分もしたくなります。そして、お兄ちゃんが勉強している紙に、ぐちゃぐちゃがきをはじめます。

当然、お兄ちゃんはおこり、「向こう、行け!」と、つきとばしたりするんですね。二歳の弟は、泣きわめきます。そこへ、パタパタとお母さんのスリッパの音。

(弟を「よしよし」とだきかかえながら)

「お兄ちゃん、何したの! 弟には、やさしくしてあげなさいって、いつもお母さん、言ってるでしょ」

お兄ちゃんは、納得できません。

「なんで、ぼくがおこられるねん。勉強しているところをじゃましたんは、あいつやないか」

そう思うものですから、お母さんの姿が見えないときに、弟をけります。

「おまえのせいで、なんで、ぼくがおこられなあかんねん。ほんま、ビービー泣きやがって!」

再び、「うぇーん」という泣き声。そして、再びお母さんのスリッパの音。

「お兄ちゃん、いいかげんにしなさい。弟にはやさしくしてちょうだいって、何回言われたら分かるの！」

この悪循環《あくじゅんかん》がずっとくり返されます。そして、お母さんは、「お兄ちゃんが、なかなか、やさしい子になってくれないんです」と悩まれているんですね。

ところが、兄弟ともイキイキしており、なおかつ、兄弟が仲のよい家庭では、お母さんは、必ず上の子を立てているのです。

同じ風景。お兄ちゃんが勉強しているところへ、弟が来て、ぐちゃぐちゃがきをしたところ、お兄ちゃんにつきとばされた。そのあと、パタパタとスリッパの音をひびかせてお母さんが入ってくるところまでは同じです。でも、そのあとの対応がちがうのです。

弟をだきあげ、「よし、よし」と背中をさすりながらこう言います。

「見てごらん。お兄ちゃんってえらいでしょう。お勉強してるのよ。ほら、上手にひらがなを書いているでしょう。すごいよねぇ。だから、お兄ちゃんが勉強しているときは、まーくんは、こっちの紙でお勉強（お絵かき）しようね」

二歳児の弟に語りかけるこの言葉で、お兄ちゃんの自尊心は、かぎりなくくすぐられます。お母さんに認められている安心感と心のゆとりが、心のなかに広がっていきます。そ

兄弟げんかもハッピーエンド

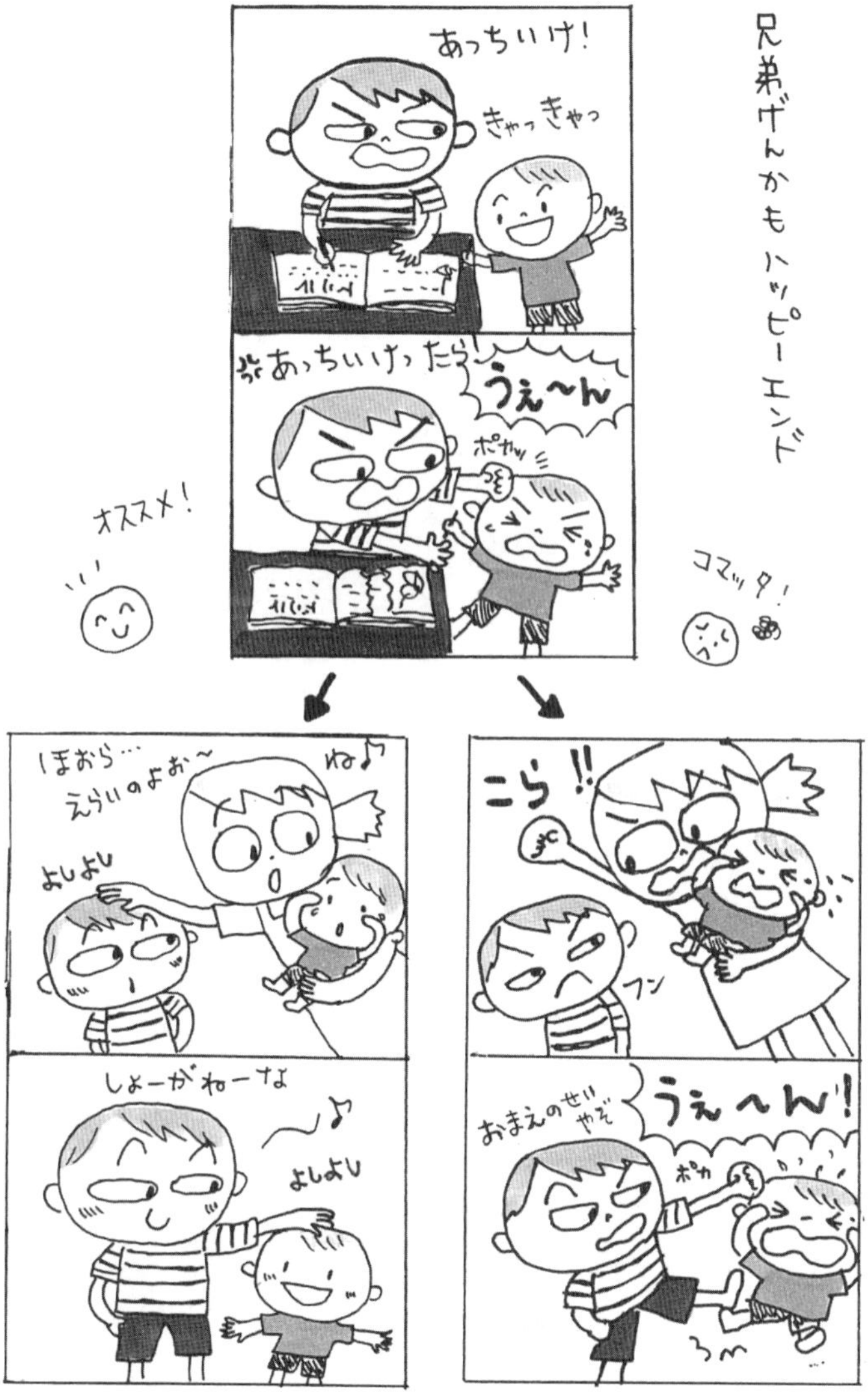

して、もっとすごいところを見せようと、学習姿勢も、よりすばらしくなっていきます。

さらに、お母さんがいなくなったあとも、自分自身が認められている安心感から、弟の世話までやくようになったりするんですね。

「お母さん、まーくんがおしっこしていたから、オムツ、かえておいたよぉ」と。

お母さんがスリッパの音をひびかせて、

「まぁ、ありがとう。こうやって、弟のめんどうまで見てくれるなんて、お兄ちゃんはなんてやさしいの。お母さん、助かるわ」と。

お兄ちゃんは鼻高々になり、ますます、お母さんを助けてくれるようになります。こちらは好循環。同じ現象なのに、どう対応するかでまったくちがった状態になるんですね。

実際、このことをお伝えしたお母さんは、みんな異口同音に意識したその日から、効果抜群でびっくりしたとおっしゃいます。こんな知恵を得られるからこそ、わたしは〈気軽で真面目な雑談〉を大切にしています。

おたがいに本音をしゃべることのできる仲よしのお母さんがいたら、おおいに〈気楽で真面目な雑談〉をすることです。そんななかにこそ、子育てのヒントが眠っているのです。

その4　子どもが本好きになる環境づくりをしている

子どもの「自分からやろう」という意志や心を育んでおられるお母さん方の共通項を三つ目までお話ししましたが、四つ目にある、「本好きになるように、読み聞かせや読みあいっこに力を入れている」という項目が、今の時代、昔以上に大切だと思っています。それは、テレビ、ＤＶＤ、ゲーム、ケータイが氾濫《はんらん》しているからです。

乳幼児期からテレビやＤＶＤを長時間見せられていると、あとでくわしくのべますが、親と子の〈絆《きずな》〉が育っていかないのです。昔も、ほったらかしで子育てをされた親御さんは多かったと思います。それでも、子が親を殺したりするような凶悪な事件には発展しませんでした。**つまり、昔のほったらかしの子育てと、今のほったらかしの子育てでは、何かがちがうのです。このちがいを、とても一言《ひとこと》ではあらわせないものの、わたしは幼児期の環境の変化にも大きな要因があると感じています。**

今は、乳幼児期からテレビを一日じゅうつけっぱなしにしたりする家庭がふえてきました。また、年中さんぐらいの幼稚園児で長い子になると、休みの日には七〜八時間、テレビやゲームに時間を費やしています。これは、昔にはあり得なかった環境です。

もちろん、テレビやＤＶＤを乳幼児期から見ていたから、何か問題のある子に育つというわけではありません。長時間テレビを見て、長時間ゲームをしていても、すくすく育っている子もたくさんいますからね。

ただ、小学生以上で、深い悩みをかかえておられるお母さんに、「乳幼児期、どんなふうに子育てをされましたか」とお聞きすると、「テレビ、ＤＶＤの見せっぱなし」というのが、判でおしたように出てくるのです。ですから、すべての要因ではないものの、大きな要因の一つではあると感じています。

コミュニケーションのないテレビ・DVD

また、お母さんの話をおうかがいしていると、乳幼児期から九〇分もののアニメ映画を見せるご家庭も少なくありません。しかも、これを一日のなかで数回くり返し見ていたりするのです。

そうなると、親子のコミュニケーションやスキンシップは、当然のことながら少なくなります。その結果、親子関係が希薄《きはく》で、対人関係にも弱い子が育ってしまうのです。

テレビ、ＤＶＤ、ゲームも、短時間ならたいして問題はないのでしょうが、こう長時間になると問題ではないでしょうか。

昔は、「マンガばっかり読んでないで、少しは勉強しなさい！」というのが、お母さん方の、子どもを叱《しか》るときの決まり文句でした。でも今は、マンガを読んでいる子は、けっこう、かしこい子なんですね。昔とちがって、テレビ、ＤＶＤ、ゲームが氾濫した現代では、よほど、お母さんが意識しないと、子どもは絵本の楽しさに目が向かないままになるのです。

読み聞かせは親子の〈絆〉を太くする

では、絵本を読んであげると、何がどういいのでしょうか。

それは子どものために時間をさくことそのものに意味があるのです。子どもにとっては、大好きなママとの時間が至福《しふく》のときです。

たとえば、赤ちゃんに絵本を読んであげた場合。しゃべられないなりに、自分が何か感じたところを、「あーあー」と手を出しながら言いますね。読み聞かせをしている場合は、

対話が生まれる　読み聞かせ

これはね、チューリップよ
こっちはコスモス
あー
あー

そこで即座に親子の対話ができるのです。

「あらほんと、きれいな赤いチューリップねぇ。こっちは黄色のチューリップよ。こっちのページを見てごらん。これはコスモスって言うのよ」

こんなふうに、どんどん、赤ちゃんの反応から会話が広がっていきます。こうやって、子どもが反応したことに、お母さんがすぐ気づいて話しかけてあげると、ますます、親と子の〈絆〉が太くなっていきます。

親子の〈絆〉が細いから、何か腹が立つことがあったら、すぐ殺してやろうということにつながるのです。〈絆〉が太ければ、思春期に親からおこられようが、親ととっ組みあいのけんかをしようが、とんでもない行動に出ることはありません。

親子の〈絆〉は、オムツをかえたり、ご飯を食べさせてあげたり……、子どもの世話をしていくなかで太くなっていくものです。同じように、読み聞かせをしていくなかでも、親子の〈絆〉が太くなっていくのです。

というのは、読み聞かせをしている家庭では、公園に散歩に行ったときも、「ほら、これが絵本にあったチューリップよ」と、読み聞かせから発展した会話を続けていくことができます。まさに、言葉をやりとりするなかで、親子の〈絆〉が育っていくのです。

よく、赤ちゃんには、読み聞かせの前に語りかけが大切と言われますが、実際問題、「何を語りかけたらいいの？ 言葉が続かないわ」となってしまうお母さんも多いのではないでしょうか。でも、読み聞かせであれば、語りかけること以上に、だれにでもできます。そして前述のように、読んであげたことが、話しかける際のきっかけにもなるのです。つまり、読み聞かせをしていることで、語りかけがしやすくなるんですね。

ちなみに、テレビやDVDを見ている場合、子どもが何かテレビに対して反応しても、テレビはそれに応《こた》えてくれません。また、テレビやDVDを乳幼児に見せているお母さんは、たいてい、自分の用事をすませたいと思っているので、そもそも子どものそばにはいません。

当然のことながら、読み聞かせをしているときのように、お母さんが子どもとやりとりすることができません。これがテレビと絵本の大きなちがいです。

ぜひ、テレビ、DVDを見せるときは、短時間を「意識」してみてください。そして、できれば、お母さんもいっしょに見て笑ったり、話しかけたりしてみてください。毎回でなくてもけっこうです。これを「意識」していることが大切なのです。

どうすれば、読み聞かせで挫折《ざせつ》しないの？

「読み聞かせはいいわよ」とはよく聞くので、やってはみたものの挫折《ざせつ》してしまったというケース、ほんとうに多くのお母さんからお聞きします。そもそも挫折してしまう多くのお母さんは、わたしから言わせると、読み聞かせに幻想をいだいているんですね（笑）。どんな幻想かというと、「絵本、読んであげるわよ～」というと、子どもが喜んで、お母さんのひざの上にすわりにくる……、というものです。

ところが、現実はそうあまくはありません。男の子のお母さんに多いのですが、読みはじめたものの、子どもはひざの上に来ないだけでなく、ほかのことをして遊んでいたりするんです。**そんな姿を見るうちに、お母さんもだんだん腹が立ってきます。そして、「もう（怒）。せっかく、お母さんが読んであげてるのに、いつまで遊んでいるの。今から十数える間に、お母さんのひざの上まで来なかったら、もう読まないわよ。十、九、八、**

……二、一、〇」

こうおどしても、まるで乗ってこないので、せっかく広げた絵本もカウントダウン後、パタンととじられてしまいます。そして、「うちの子には、絵本はまだ早いみたい……」となってしまうのです（笑）。

ポイントは、子どもが絵本を見ていなくても、声に出して読んであげることです。子どもがほかのことをして遊んでいても、部屋のなかにいるかぎり、お母さんの読んでいる声

読み聞かせ　してみたもののすぐ挫折

は、必ず子どもの耳に入ります。耳は遮断《しゃだん》できませんからね。そして、それを続けていれば、一〇〇パーセント、子どもは本好きになっていくのです。

だからこそ、わたしは〈お母さんの好きな本〉を選ぶべきだと、みなさんにお話ししています。まだ、本好きになっていない子どもに、子どもが好きそうな本を選んであげようと思わなくてもいいのです。

前述のような形で、お母さんが絵本をとじてしまう場合は、たいてい、子どもが喜びそうな本を選ぶのですが、お母さんには興味がないことが多いのです。**お母さん自身が読みたくもない本を読まなければならないと思うから、よけいに、「読んでやっている感」が強くなり、わが子が聞いていないと腹が立ってくるんです。**

そうではなくて、お母さんが幼かったころに好きだった絵本でもいいし、お母さんが今、読みたい気持ちをそそられる絵本でもいいんです。そういう本を読めば、お母さんは自分の世界にひたりやすくなります。子どもが聞いていようがいまいが、ひとりで目をウルウルさせたり、笑ったり、楽しく読むことができます。**実は、そうやってお母さん自身が絵本を楽しそうに読んでいること自体が、子どもに「絵本っておもしろそうだ」という、強烈なメッセージにつながり、興味が広がるのです。**

子どもはお母さんが大好きです。ですから、お母さんが楽しそうに読んでいれば、必ず子どもは近づいてくるようになります。

読み聞かせ ママ楽しけりゃ 子も楽し♪

ここで大切なのは、〈毎日の読み聞かせ〉を三週間はやってみることです。〈三日に一回〉だと、子どもから絵本を持ってくるようにはなかなかなりません。でも、初めの三週間だけでも、毎日、絵本を読んでいれば、お母さんがさぼりたくても、必ず夜寝る前に、子ど

もが絵本を持ってくるようになり、結果、さぼりにくくなるのです。

読み聞かせは「らくらくママ」への道

読み聞かせの絶大な効力について、話をもどします。読み聞かせをしていくことを通して、言葉の数がどんどんふえていきます。お母さんが読んでくれる本を楽しみに聞けるようになった子は、集中力が高い子になるだけでなく、言葉のデリケートな部分を感じとれるようになっていくので、相手の気持ちを感じとることのできる、感受性豊かな子に育っていきます。

乳幼児から読み聞かせをされた子どもは、まだ、しゃべることができなくても、お母さんの言っていることを理解できるようになりますし、しゃべりだしたら言葉の数が多いので、自分の気持ちを言葉で伝えられるようになってきます。コミュニケーションを早期からできるようになることで、お母さんの子育てがすごく楽に、そして楽しくなっていきます。まさに、読み聞かせは〈らくらくママ〉への道なのです。

また、読み聞かせを数多くされた子は、読んだ内容をイメージする力がついてきます。この、内容をイメージできるようになるというのは、大人が思っている以上にむずかしい

らくらく ママ
お話ししてるから
3時まで待っててね。
まあー
いい子ですねー
あー

ことなのです。というのは、内容をイメージするためには、それ以前に、主人公になりきる能力、つまりは主人公に同化できる力が育っていなくてはならないからです。

絵本を読んでもらうことで、子どもたちは、日常では起こりえない冒険に出かけていきます。でも、この冒険はだれもがすぐにひとりで出かけられるものではないんです。大好きなお母さん、お父さんといっしょに冒険に旅立ち、数々の困難を乗りこえて、もといた場所に帰ってくる安《あん》堵《ど》感《かん》をくり返す。これを何度も何度もくり返したとき、子どもは自分ひとりで冒険に旅立てるようになるのです。そして、それができるようになった子には、文章を読んでイメージする力も十二分に育っているのです。

このように、読み聞かせの効用は枚挙《まいきょ》にいとまがありません。

実際、読み聞かせをされているご家庭でよくうかがうのが、「今日、うちの子が、読み聞かせしてあげた本をだきながら寝てしまいました……」というエピソードです。ほんとに、幸せな気持ちだったんでしょうね。夢で主人公になっているのかもしれません。

「こんなおもしろい本、初めてや」

子どもが宝物だと思えるような本と何冊も出会うなかで、その子の心の豊かさや人生の充実度も変わってくる。本好きの子どもたちの表情を見ていて、わたしはそう確信しています。

読みあいっこは思春期の親子関係まで修復する

ところで、読み聞かせは、何も幼児期だけの問題ではありません。

「幼児のころに、読み聞かせしてあげればよかったなぁ」

わが子が高学年になってから、読み聞かせの重要性を知ったお母さんのなかには、こうなげく方も多いかもしれません。

たしかに、幼児のうちから読み聞かせをしていたほうがよいことはまちがいないのですが、本好きにすることに、早すぎることもなければ遅すぎることもありません。高学年から読み聞かせをしてもかまわないのです。

わたし自身がそうでした。わたしの母は、姉たちには幼児期から読み聞かせをしていましたが、わたしが幼児だったころ、仕事上で大きなストレスをかかえていました。そのせいで、一つのものが二つに見えてしまうような病気になってしまい、入退院をくり返していました。そんなこともあり、わたしの幼児期はもちろん、小学校低学年にいたるまで、とても、わたしに働きかける状況ではありませんでした。このことは、わたしが低学年のころの「あゆみ」（通知表）が、「がんばろう」のオンパレードだったことと無関係ではないと思います。

わたしが四年生になってから、母はおくればせながら読み聞かせに着手しました。うとうとしながら、お話を聞いていたのを今でも覚えています。そして今、わたしは無類の本好きです。本を読まずには眠れないほどです。

だからこそ、思うのです。幼児期から読み聞かせをして、本を大好きにすることは何よりすばらしいことですが、高学年以上になってからでも遅くないと。

とくに、わたしが高学年以上のお母さん方におすすめしているのは、「読みあいっこ」

です。「読みあいっこ」とは、一ページ目はお母さんが読むけど、二ページ目は子どもが読むといったぐあいに、順番に読んでいくのです。

すると、読みおわるころには、自然と、お母さんが「自分から」感想を言うことになります。これが大事なんですね。

「この子、おもしろいなぁ。お母さん、好きになったわぁ」

「でも、わたし、この子の友だちのほうがえらいと思うわぁ」

ところが、高学年以上の親子の会話でよくありがちなのは、

「もう四年生になったんだから、このぐらいの本を読んでみたらどうなの」とすすめ、子どもが読んだと言ったら、「どうだった？　感想は？」と矢つぎばやに聞く。これでは、読みたいという気持ちすら失せますよね。

でも、読みあいっこをしていくと、前述のように感じたことをおたがいに出しあうことになるので、お母さんと子どもの関係がよくなっていくのです。

心をつなぐ「読みあいっこ」

次のメールは、「読みあいっこ」を実践された小六の子のお母さんからいただいたものです。

早速、下の子と二人で、順番に本の「読みあいっこ」をしました。奈美（仮名）も喜んで読んでいました。あれからちょっと素直になったようです。思えば近ごろ、いっしょに何かをするってことがなかったので、とても新鮮でいい感じです。正直、最近、奈美とはほとんど会話がなかったので、すごくうれしかったです。本を読むって、すごいですね。今日も図書館へ行って、今、二人とも本を読んでいるところです。継続は力なりでがんばります!(^^)!

心のなかの優先順位を上げるとどうなるの?

このように、「読み聞かせ」や「読みあいっこ」は、親と子の関係を修復してしまうほどの力があるのです。とはいうものの、やればいいとはわかっていても、「毎日、バタバタしていて、一日があっという間におわっちゃうのよ」というお母さんが多いのではないでしょうか。主婦業はいそがしいし、お仕事をされているお母さんなら、なおのことです。

では、どうすれば実践できるんでしょうか。

ずばり、言います。お母さんの〈心のなかの優先順位〉を上げることです。

ご飯のしたくに食器洗い、洗濯物に干し物、買い物に掃除などなど、主婦の仕事はつきることがありません。そして、これらのことも、子どもをりっぱに育てていくうえで、とても重要な仕事なのです。

ただ、わが子への「読み聞かせ」の優先順位が九番目とかだと、一日の仕事が八番目ぐらいでおわって、「また、明日読んであげるからね」となっちゃうんですね。そして、悲

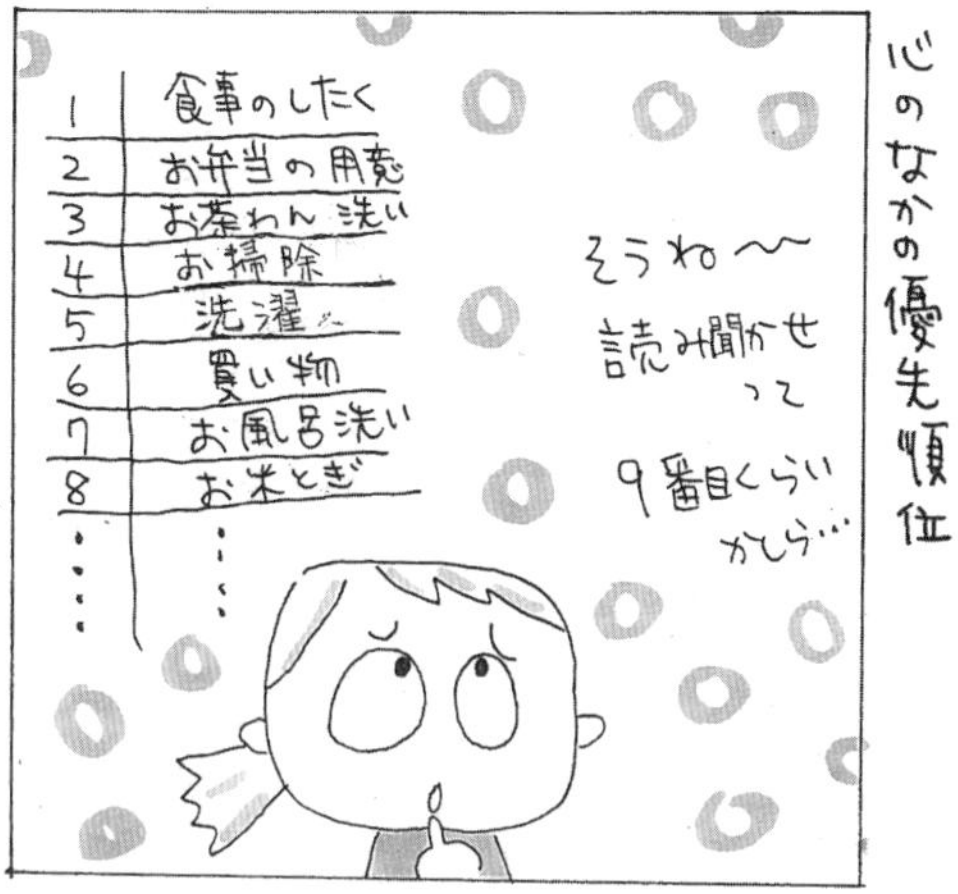
心のなかの優先順位
1 食事のしたく
2 お弁当の用意
3 お茶わん洗い
4 お掃除
5 洗濯
6 買い物
7 お風呂洗い
8 お米とぎ
そうね〜
読み聞かせって
9番目くらいかしら…

でもね…毎日1〜8のくり返しで
おわっちゃうのよね—
ほんと言うと…

しいかな、翌日もその翌日も同じことがくり返されるのです（笑）。

一方、毎日、「読み聞かせ」や「読みあいっこ」を実践できているお母さんは、暇《ひま》だからできるのではなくて、優先順位が三番目ぐらいまでに入っているからできるのです。読み聞かせの優先順位が高ければ、食器洗いを少しおいてでも、子どもが言ってきたときに読むなど、一日のなかで、それができる時間を「意識」してつくろうとします。

こういう、ちょっとした意識で、読み聞かせが習慣になっていくのです。結局、「物理的な要素」よりも、「意識すること」のほうが大きいというのが、多くのお母さん方とお話しして分かったことでした。

もちろん、意識していながら、できない日があってもかまわないのです。

「仕事から帰って、炊事《すいじ》、洗濯、洗い物など、息つく間もなくがんばって、夜、寝る前に少しでも本を読んであげようと思って子どもといっしょに寝床に入るものの、気がついたら三ページ目でわたし自身が寝てしまって……」

こういった話をよくお聞きしますが、わたしはすばらしいと思います。**時間のないなかで、必死で読み聞かせの優先順位を上げようと努力しておられるからこそ、ふらふらの状況でも本を持って寝床に入られる。その姿こそが、子どもによい影響をあたえるのです。**

そして、その気持ちがあるかぎり、読み聞かせ量も少しずつふえていく、多くのお母さん方の実践を見てきて、そう確信するのです。

〈心のなかの優先順位〉に関しては、ある低学年の子のお母さんからも、こんなメールをいただきました。

わたしが毎日バタバタとすごすだけで、気持ちにゆとりがなく、子どもに読み聞かせをしていなかったとき、先生は〈心のなかの優先順位〉の話をしてくださいましたね。あのアドバイスがきっかけになり、わが家も図書館へ行って本を選ぶ楽しみや、読んだあとに「いい話やったね」「でも、○○はちょっとかわいそうやった」と感じたことを話しあう〈仲よしタイム〉ができました。うれしいことに、太郎（仮名）がこの一か月ぐらい、読書の秋と言って、暇さえあれば自分から読書しています。

このお母さんにお聞きしましたが、それまでは、朝から晩までおこってばっかりだったとか。でも、どんなにおこってばかりでも、夜寝る前の〈仲よしタイム〉のおかげで、親子関係を、毎晩、修復できるようになったとおっしゃるんですね。

ちなみにこの子は、休みの日はゲームばかりで、本を読む習慣など、まったくなかったそうです。そして、ゲームの時間が長すぎることを、お母さんは悩んでおられました。このとき、わたしがアドバイスしたことは、「無理に、ゲームをやめさせようとするのではなく、本の楽しさを教えましょうよ。『ゲームも好きだけど、本も好き！』と思える状態のために、読み聞かせの時間をつくりませんか」といったものでした。

しかし、実際わたしの提案を聞いても、お母さんの心のなかは、「そうはいっても、よその優秀なお子さんなら、それでうまくいくでしょうけど……」といった感じだったとか。

しかし、いざ、やってみたら、案ずるより産むが易《やす》しで、〈仲よしタイム〉のおまけまで

ついてきて、親子ですっかりはまってしまったのです。

ゲーム命だった子が、暇さえあれば本を読む子になるんですから、〈心のなかの優先順位〉の影響力って、生半可《なまはんか》なものではないなぁと、改めてわたし自身が学ばせていただいたエピソードでした。

このように「読み聞かせ」や「読みあいっこ」は、幼児の専売特許ではありません。でも、一般的にはどうでしょうか。「読み聞かせ」と聞いただけで、何か幼児のためのものというイメージがないでしょうか。

実際、小一の子どもが、「ねぇ、お母さん、本読んで」と言ってきたとき、幼児期、読み聞かせをされていたお母さんですら、「何言ってるの。もう、学校へ行って、ひらがなも習ったんだから、自分で読めるでしょ」と、つきはなしてしまうことがよくあります。

でも、文字は何とか読めるようになっていたとしても、読んだことが理解できるとはかぎりません。また、読んで理解はできたとしても、しょせん、小一で読めるレベルのものです。まだ、二年生レベル以上の本は自分で読めない。でも、読んでもらうと、「こんな楽しい本があるのかぁ。ぼくも、早く読めるようになりたいなぁ」と子ども心に思うわけです。

また、読んでもらいながら、「これ、どういう意味？　どうしてなの？」に対しても、

「それはね、……」とやりとりしますよね。そういう親と子のやりとりが言葉の数をふやしていくだけでなく、親子の〈絆〉を太くしていくのです。

うちの子は幼児ではないからとあきらめることはありません。わが子が何歳であっても、ぜひ、「読み聞かせ」や「読みあいっこ」をしてみてください。あきらめずに、やりつづけていけば、子どもは確実に本好きに育っていきます。

本好きに育ってきた子は、親御さんが読ませようと思わなくても、勝手に読むようになっていきます。この場合、親御さんが無理にすすめなくてもいいんですね。目のとどくところに本を置いておくだけで、そのときは読まなくても、何かのときに手に取って読むようになっていくのです。

「意識」するだけで、今日から家庭の空気が変わる

今までお話しした〈その1〉から〈その4〉をすべて実践できなくても、心の片すみで「意識」するだけで、親子ともイキイキしはじめ、家庭の空気が変わりはじめます。

まず、子どものほうを考えてみましょう。

親御さんが友だちや兄弟とくらべるのではなく、〈成長を喜ぶ視点〉でわが子を見ては

感動し、親馬鹿してくれるので、子どもは、〈自分自身の存在〉に対して絶対的な自信を持ちます。これがものすごく大きいのです。そんなふうに育てられると、他人とくらべて能力がおとっていようが、そのことに気をとられません。

「自分自身の天分を最高に生かしつつ、こんな自分だからこそできることって何なのか」

世間的な評価よりも、弱点もふくめた自分自身をすべて肯定《こうてい》したうえで、〈自らの役割・使命〉を意識するようになった子は、少々のことでくじけないですし、周囲から必要とされます。そのことがさらに、その人自身が生き生きと、充実した人生を送ることにつながる……、わたしはそんなふうに思うのです。

さて、今度は親御さん側です。親御さんが子どもの〈評価者〉になってしまい、小さいうちから、「なぜ、こんなこともできないの？　信じられないわ」と責めている場合は、子どもが思春期になったときに、今度は逆に、親御さんのできていないところを責めてくるものです。

「あんた、今日の宿題はもうできたの？　今日のことは今日すませなさい！」

「ふん、何をえらそうに。今日のことは今日すませなさいって、今日の洗濯物を、今日、おわらせてないやないか！　自分もできてないくせに、おればっかり、えらそうに言うな」

「あんた、だれに対してものを言ってるの！　親に対して、その態度は何（怒）」

「親、親って、親がそんなにえらいんかい！」


売り言葉に買い言葉。不毛な親子げんかが思春期にふえていきます。

しかし、〈心の成長を喜ぶ視点〉でわが子を見ている親御さんは、わが子にできていないところがあっても、そのことを責めません。そうなると、〈映し鏡〉と同じで、子どもが大きくなっても、親御さんの欠点を責めることは少なくなります。結果、反抗期があったとしても、不毛な親子げんかがへり、親と子の関係は、すごくいい感じになるのです。

四つの項目は、いきなり、すべてを実践しようと思わないほうがいいでしょう。どの項目からでもかまいません。何かひとつ、親御さんが心の片すみで「意識」するだけで、今日から子育てが変わるのです。家庭の空気が変わるのです。それをわたしは、たくさんの親子の変化から学ばせていただきました。

第三章 子育てビジョンを持とう！

うまくいかなくたって、落ちこむことはない！

今までお話ししたことを実践してみたとしても、実際には、なかなか思うようにできないものです。こう書いているわたし自身だって、理屈はわかっていても、感情をコントロールできないときもあり、葛藤《かっとう》の連続です。でも、それでいいのです。すべてをかんぺきに実践しようと思うと、かえって挫折《ざせつ》するでしょう。

無理は禁物です。子どもといっしょで、親御さんにとって、「これだったら、やれるかな？」と思えるところから、実践していけばいいのです。

実践していくさなかに、子どもに対してヒステリックになってしまうこともあるでしょう。人間ですもの。当たり前。だいじょうぶ、だいじょうぶ。不毛なけんかも、おおい

にけっこうです（笑）。今までのべてきたことを、心の片すみで「意識」するだけで、子育ては進化するのです。「意識」していれば、ヒステリックにおこってしまったあとでも、自然に反省の気持ちがわきますからね。

多くのお母さんは、「わたしは反省ばっかりで、何も進歩してないんです」とおっしゃいますが、そんなことはありません。反省しつづけている人は、確実に進歩しています。

心配なのは、子どものその日の機嫌《きげん》にびくびくして、はれ物にさわるような対応になることです。これがもっとも危険です。はれ物にさわるような状態になるぐらいなら、毎日わが子ととっ組みあいのけんかをしているほうが、まだましです。けんかもコミュニケーションのひとつですからね。自分の叱《しか》り方にも非があったと思われたら、翌日にでも、「昨日は、お母さんもちょっと言いすぎたわ。ごめんね」と素直にあやまればいいのです。

ここ最近、わが子に遠慮《えんりょ》してしまって、自分の想いをしっかり伝えられない親御さんが多くなってきたように思います。子どもの話をじっくり聞いてあげることはもちろん大切ですが、親の想いをしっかり伝えることも同様に大切です。

いくぶん話がそれてしまいましたが、子どもに目標を持たせるばかりでなく、親御さん自身が、ぜひ、第二章の〈その1〉から〈その4〉までのどれかでいいので、目標を持ってチャレンジしてみてください。すぐにうまくいかなくとも、何も落ちこむことはありません。そうやって、チャレンジしてみようと思われたこと自体が、すばらしいのです。

大切なことは、子どものことだけでなく、自分自身のことも、〈心の成長を喜ぶ視点〉で見ることです。そうすれば、できないことがたくさんあっても、少しずつ、できることがふえていく自分を楽しむことができるようになってきます。リラックス、リラックス。「共育」で子どもといっしょに育っていけばいいのです。

丸投げママの大変化

人はちょっとしたきっかけで変わっていきます。そのことの一例として、大川さん（仮名）親子の物語があります。大川さんは、優子ちゃん、麻紗子ちゃんという、かわいい姉妹をいつも親馬鹿し、明るい家庭をつくっておられる方です。しかし、もとからそうではなかったのです。わたしが心のなかで「丸投げママ」と呼んでいたぐらい、子どものことは、すべてだれかにおまかせという感じのお母さんでした。

大川さんのご近所には、すでに子ども三人を社会人に育てあげられた山下さん（仮名）

がおられます。子どもが大好きな山下さんは、大川さんのところの姉妹がまだ幼かったころ、いつも、おうちで本を読んでくれたそうです。また、図書館へもよく連れていかれたとか。その成果でしょう。子どもたちは、無類の本好きに育ちました。ある意味、第二章でお伝えした〈その4〉の読み聞かせは、ご近所の山下さんにしてもらったようなものです。山下さんの存在があったこともあり、当時の大川さんは、「うちは、もうぜーんぶ山下さんにまかせていますから」というのが口ぐせでした。

わたしがあるとき、

「優子ちゃんも麻紗子ちゃんもすごく成長してきましたよ。その様子もお伝えしたいので、大川さんと面談させていただきたいのですが……」とお話しすると、

「えっ、面談。いや、先生、いいです、いいです。わたし、この子たちのことは、ぜーんぶ、山下さんにまかせているので。とくに、あの子たちの成長なんて、山下さんのほうがくわしいから、山下さんと面談してください」とおっしゃいました。

「こりゃ、ほんとに丸投げママだね」と思いながらも、わたしは当時、山下さんと面談して、二人の成長を喜びあいました（笑）。

ところが、そんなふうに丸投げママだった大川さんが、あるとき、ふとしたことから子

どもが解《と》いた答案に赤鉛筆で花マルをつけてくださったのです。すると、優子ちゃんも麻紗子ちゃんも大喜び。そこまで喜んでくれるとは思っていなかった大川さんは、うれしくなってきて、それ以降、子どもたちが解いた答案に花マルをつけるようになりました。

今まで大川さんは、子どもたちが何をしているかも知りませんでした。そもそも、そんなことには興味もありませんでしたからね（笑）。しかし、マルつけをしていると、わが子の成長が手に取るようにわかってきます。すると、素直に感動する気持ちがわいてきたそうです。そして、子どもたちにこんな言葉をかけるようになりました。

「よく、こんなたし算ができるね～。お母さん、一年生のときでも、こんな問題、できなかったわよ」

こんなふうに思われ、すぐに子どもたちに伝えるところが大川さんの素敵なところです。もともと、ピュアで素直な心を持っておられました。ですから、きっかけをつかんだあとは、すぐに〈親馬鹿心〉で接することができるようになりました。〈親馬鹿〉すれば子どもが伸びる。伸びるから、ますます〈親馬鹿〉したくなる。大川さんの親子関係は、好循《こうじゅん》環《かん》に回りはじめました。

そのあたりからです。大川さん自身がまるで別人のようになられたのは……。

「先生、今日、学校でこんなうれしいことがあったんです。先生からもほめてやってくださいね」

と、どんなささいなことでもうれしそうに、わたしに伝えてくれるようになられました。こまったときには、「どうしたらいいでしょう」と相談してくださるようにもなりました。学校の先生とも、そういうやりとりをされるようになりました。

まさに、第二章で述べた四項目をどんどん実践されるようになられたのです。**それにともなって、子どもたちの成長が加速していきました。**

姉の優子ちゃんが、三年生のときの「あゆみ」（通知表）に書かれていた担任の先生のコメントは、

「一学期のときは自分のことで精一杯《せいいっぱい》のようだったのが、三学期には、自主的に何にでもチャレンジするようになってきました」というものでした。

さらに四年生になったとき、先生が圧倒されてしまうほどのまなざしで授業を聞くようになったとか。このときの担任の先生は、「あそこまで真剣なまなざしで授業にのぞまれたら、まちがったことはぜったいに言えないわ」と思われ、それまで以上に準備をして授業にのぞむようになられたというのです。先生にそれほどまでの意志を育むほど、授業の聞き方も意欲満々になっていきました。

　数年前のこと、わたしは優子ちゃんに聞きました。

「優子ちゃんって、なんで、そんなに何事に対しても前向きで楽しそうなの？」と。

　すると、ニコニコ笑いながら、答えてくれました。

「勉強にもテニスにも自信が出てきたからかな。それと、お母さんがいつもほめてくれるから」

　もちろん、優子ちゃんもこの当時、すでに高学年。ふだんは、お母さんに対してにくまれ口をたたいているふつうの子なんですが、こんな気持ちを持っていたんですね。

　ちなみに、優子ちゃんの将来なりたい夢は、この当時、ファッションデザイナーでした。

　そこで、わたしは聞きました。

「優子ちゃんは、自分のなりたい夢に向かって、すごくイキイキ努力しているけど、もし、お母さんが優子ちゃんのことを、ふだんから認めてくれたり、ほめてくれたりしてくれなかったら、今の優子ちゃんにはなっていないの？」

　と聞くと、ニコニコ笑いながら、

「うん、そう思う」って即答でした。

横で聞いていたお母さんは、「すごくうれしいけど、ちょっとプレッシャー」とおっしゃっていました。

そんな優子ちゃんも、今は中学生。同じ学校の周囲の友だちが、お母さんたちに「勉強しなさい！」とヤイヤイと言われるなか、優子ちゃんは、勉強のことも、学校の点数のことも、母親から何かを言われることはないそうです。

というよりも、お母さんは点数のことでは何も言うまいと決めておられるようです。今では、子どもたちの反抗も人並みにあるのに、お母さんは優子ちゃんたち姉妹のことを、「この子たちは、わたしの子とは思えないぐらい！　ほんとうにえらいと思います」といつも親馬鹿しておられます。

幼いころ、近所の山下さんにたくさん読み聞かせしてもらった優子ちゃんは、大の本好き。読書量もはんぱじゃありません。本の内容についていけないお母さんは、

「優子が『三国志』を読んで、お父さんともりあがっているんですけど、わたし、三国志なんて知らないでしょ。だから、話についていくために、『マンガ三国志』を買ってきて、今、それを読んでいるんです」

と明るく話されるのです。笑いながら話しておられますが、これはなかなかできることではありません。

紙面の関係上、優子ちゃんのことしか書けませんでしたが、妹の麻紗子ちゃんも、お姉ちゃんにあこがれていて、すごく努力家のイキイキした女の子です。大川さんは、二人をくらべないよう常に意識しておられます。ですから、わたしが「優子ちゃん、すごいですねぇ」と話すと、必ず、「先生、麻紗子もすごいんですよ。こないだもね、……」と話されるのです。お母さんが姉妹の一人ひとりを親馬鹿するため、どちらかが劣等感を感じるといったこともおきないんですね。

あるとき、ふとしたことから算数の答案に花マルをつけ、子どもが大喜びしてくれたことから始まった大川さんの大変化。人が変化をしはじめるのは、ほんとうにちょっとしたきっかけにすぎないんだなぁとつくづく思います。

また、大川さん親子の物語を通して、第二章でお伝えした〈その1〉から〈その4〉を実践していくことが引きおこすすばらしさを、わたし自身、改めて教えていただきました。

ほめ育てなんて言われても、「言うは易《やす》く、行うは難《かた》し……」

岡田さん（仮名）というお父さんは、こんなふうに悩みを打ちあけられました。

「家で子どもが学校の宿題をやってるときに、嫁さんが『ボーっとしてんと、集中しなさい！』って、いつもおこっているんです。嫁さんも、下の子のめんどうを見ながらだから、イライラするのも分かるんですけどね。ただ、おこっているのは、年がら年じゅうなんです。『何回言わせたら気がすむの。速く手を動かしなさい』と嫁さんがおこりまくっているところへ、たいてい、わたしが帰ってくるんです」

さらに、岡田さんは続けます。

「それでね、先生。嫁さんと娘が、あんまりキーキーやっているもんですから、『おまえなぁ、そんなにおこってやるな。わたしが勉強見るから。ちょっとかわれ』と言ってかわったんです。**それがね、先生、気がつけば五分もたたないうちに、『何べん言わせたら気がすむんやぁ！』って、わたしまでがどなっているですわぁ（笑）**。おこってしまうと、その日一日、自己嫌悪なんです。

それで翌日、仕事から帰るとき、『今日は、裕美（仮名）をおこらんとこう。今日こそは、いい父親でいよう』と思いながら車を運転してるんです。

でもね先生、家に帰って娘のダラダラしている姿を見ているうちに、何ていいますか、体のなかの血がですねぇ、クワーッと煮えたぎってくるんですわぁ。

嫁さんもわたしも、ほめることが大事だとは分かっているんですよ。でも、もう二人ともだらだらする娘の何をほめていいのか分からず、ほとほとこまっているんです」

親だってがんばってるんだ ほめようと
キー！キー！
もう あんたって子は！
あーあ だらだら
おい わたしにまかせとけ！ パパはちがうぞ♪
あら パパ
数分後
クワーッ！
もう おまえってやつは
あーあ
ハッ
何をほめていいか 分からない…
わたしと いっしょや

こんなふうに、わが子のことで悩み、葛藤《かっとう》している親御さんは、ほんとうに素敵です。わたしは大好きです。感情的になってしまうのも、わが子を愛し、少しでも、わが子によくなってほしいからです。でも、それが空まわりしてしまう……。でも、岡田さんご夫婦のすばらしいところは、「わが子相手だったら腹が立っても仕方ないわ」とあきらめるわけではなく、自分自身が成長しようと努力されているところです。そんな親御さんのもとに育った子は、すごく幸せだと思うんです。

ところで、「ほめ育て、頭では分かっているんだけど……」という岡田さんご夫婦の悩みは、多くのご家庭の悩みではないでしょうか。「言うは易《やす》く、行うは難《かた》し」ですからね。

子育てビジョンは航海における目的地

岡田さんご夫婦の悩みをうかがったわたしは、子育てで悩んだとき、そこから前向きに進んでいくための考え方についてお話ししました。

それは、日々の出来事で悩んだときこそ、「どんな子に育ってほしいと思っていたのか」

という、子育てビジョンにもどるように意識してみることです。
子育てビジョンとは、かんたんに言えば、わが子に対する親御さんの想いのことです。たいそうなことではありません。ほぼすべてのお母さんがみんな、子育てビジョンを持たれた経験をしています。

こういうのが子育てビジョン!
元気に生まれてきてさえくれればいいわ!!
それならわたしも持ってる!!

たとえば、子どもがお腹にいるときの親のねがいって、世界共通ですよね。

「元気に生まれてきてさえくれればいい。ほかは何ものぞまないわ」

祈るような気持ちでねがうこの気持ち。これこそが親になったときの想い、つまりは子育てビジョンなのです。

電車のなかで傍若無人《ぼうじゃくぶじん》にふるまう子どもを見て、「あんな子にはしたくない」と思う気持ちだって子育てビジョンです。
そう……、子育てビジョンは、言葉にし

ていないだけで、みんな心のなかに持っているものなんですね。

「子育てビジョンって、その程度のことでいいの？」とお思いですか。

そう、この程度のことだからいいのです。あまり、むずかしいことだと、子育てビジョンそのものを忘れてしまいますからね。

かんたんだからいい。そう思います。そして、そのとき、そのときの想いを、親御さんの等身大で「更新」していけばいいのです。

岡田さんの話にもどります。

「何事に対しても、自分から積極的に取りくむ子になってほしい」

というのが、裕美ちゃんのお父さんがおっしゃっていた子育てビジョンでした。

それに対して、そうなっていないわが子を責めてみても、事態は好転しません。それよりも、何か子育てビジョンに近づく〈芽〉みたいなものを見つけたときに、すかさず、ほめたり、大喜びして調子に乗せるのです。

何のために、ほめたり、大喜びしたりして、調子に乗せる必要があるのでしょうか。

それは、子ども自身が「そうしたい」と思わなければ、親の想いにも近づかないからで

す。だからこそ、子どもの気持ちを育てていくための言葉がけが大切になるのです。

子どもを調子に乗せるようなことばかり言っていたら、鼻もちならない子に育ってしまわないか、心配になる親御さんもおられるでしょう。しかし、自信過剰《かじょう》になっても、必ず世間が鼻を折ってくれます。そして、一時期、自信過剰になるのも、成長の一過程なのです。そうやって、人はちょうどいいぐらいの自信に落ちつくのです。心配なのは、毎日おこられまくって、子どもが自分に自信を失ってしまうことです。自分に自信を失った子は、消極的になり、何事に対してもチャレンジできなくなってしまいます。そちらのほうがはるかに心配なのです。

話をもどします。ふだん、自分から何もお手伝いなどしてくれないわが子が、今日は洗濯物をたたんでくれた。こんなことは初めて。うれしいけど、明日もしてくれるとはとうてい思えない。そう感じたとしても、今日、自分から洗濯物をたたんでくれたことを大喜びするのです。

「いやぁ、お母さん、助かるわぁ。それに、うれしいわぁ」

こんなふうに感謝の気持ちや喜びの気持ちを伝えるだけで、子どもの心に「また、してみよっかなぁ」という気持ちが育ちます。

蛇行しても嵐にあっても 目的地さえ しっかりしていれば!!
目的地
いろいろあっても
目的地は見失ってないわ!
ママ号

つまり、ほめ言葉にかぎらず、むじゃきに大喜びされたり感謝されたりすることで、親御さんが大切に思っていることが子どもに伝わり、意志が育っていくのです。

子育てビジョンは、いわば、船の航海における目的地といっしょです。あそこの島に着きたいと思って、船を操舵《そうだ》する。しかし、船の航海も子育てと同じで、いつもうまくいくわけではありません。大きな波が来るときもあれば、台風が来ることもある。津波も来るかもしれません。**そうやって、いろんなところに船が流されるなかでも、「あそこへ着きたいんだ」という目的地が明確であれば、蛇行しながらでも、そこへ近づいていくことができます。**

もし、目指すべき目的地（＝子育てビジョン）が見えていなかったら、「嵐が来ました。津波が来ました。どこへ行くかは、子どもに聞いてください」ということになってしまいかねません。だからこそ、親の想いを子育てビジョンとして紙に書き、明確にしておくことに意味があるのです。

子育てビジョンにもどる「練習そのもの」に価値がある

もちろん、子育てビジョン（＝親の想い）を思いえがいていたとしても、子育てで悩んだときには、わたしたちは、わが子の目の前の課題にとらわれてしまうものです。そうなるのは、ある意味、親としては自然な感情です。

しかし、目の前の課題だけにとらわれてしまうと、そもそも、何を目指して子育てをしていたのか、分からなくなってしまうことが往々にしてあります。

ですから、わが子のことで悩んだときには、「そもそも、わたしたちはどんな子に育てたかったんだろう?」と、自分たちの子育てビジョンにもどって考えるといいのです。原点にもどって考えるだけで、ハッとわれに返ることがよくあります。

子育てビジョンは、自分の子育ての方向性に「ぶれ」が出ていたことに気づかせてくれるのです。

とはいうものの、子育てで悩んだときに、さっと子育てビジョンにもどれるぐらいになれば、それは親としてゴールにたどりついたといっても過言ではありません。

ですから、「子育てビジョンにもどる練習をしていこう」といった気軽な気持ちでいいんです。いや、そうやって、「練習をすることそのもの」に大きな意味があるのです。

子育てビジョンは、親御さんの「想い」ですから、内容は何でもいいですし、そのときどきで変わってもいいのです。

わたしの教室でお母さん方から聞いた子育てビジョンをいくつかあげてみます。

「先生の話を聞ける子になってほしい」

「人に対して、いたわりの心を持つ子になってほしい」

「何事に対しても、途中で投げ出さない子になってほしい」
「明るく元気で、勉強もそれなりにできる子であってほしい」
「精神的にも経済的にも自立して、社会生活をしっかり営める子になってほしい」

お母さん方の子育てビジョンは、人それぞれ。それでいいのです。

こういう親の「想い」を頭のなかで思いえがくだけでなく、紙に書いて、いつも目につく冷蔵庫にでもはっておくと、そのことを「意識」できる日がふえていきます。

その日の出来事によって、ふりこのようにふれるのが人の心。だからこそ、子育てビジョンという、子育ての目的地を「意識する練習」がいるのです。

親として、できていないことばかりあったっていいのです。人間ですから……。

思うようにいかない日が多くたって当たり前。

そんなときは、「わたしは今、成長過程だからいいのよ。こうやって反省しているわたしって、なかなかえらいわ」と、自分で自分をほめればいいのです。

〈心の成長を喜ぶ視点〉で見ればいいのは、何も子どもだけではありません。自分自身のことも、〈心の成長を喜ぶ視点〉で、成長を楽しんでいけばいいのです。

あらゆることを通して、意志や心を育てることを意識する

親御さんの子育てビジョンには、子どもの幸せをねがう親の想いがつまっています。

ただ、これらのねがいは、しつこいようですが、子ども自身が「そうなりたい」と意志を持たないかぎり、実現には近づいていきません。ですから、わが子の人生の幸せをねがうなら、結局のところ、子どもの意志や心そのものを育てていく必要があるのです。

ところで、意志や心そのものは、テニスや野球などのスポーツ、柔道、剣道などの武道、スイミング、習字など、ありとあらゆるものを通して育てていくことができます。ただ、どの能力を身につけるにしても、ずっと上達しつづけていくためには、「目標に向かって練習するぞ！」「上達するために何が必要なのか、もっと知りたい、学びたい！」という気持ちがなければ、技術面もやがて頭打ちになってしまいます。

しかも、人の心はいつも前向きなわけではありません。山あり谷あり。テンションも当然、アップダウンします。それでも、「継続は力なり」でやりつづけていけば、必ず、練

習を通して、精神面がきたえられていきます。心がきたえられてこそ、社会に役立つ人財に育っていくのではないでしょうか。

だからこそわたしは、スポーツや、いわゆる習い事、学校生活、友人関係などもふくめて、すべての経験を、子どもの意志や心を育てていくためのツールだと思っています。

わたしがたずさわっている公文式も、「自分から」という意志や心を育てていくためのものとしては、とても有効なツールです。というのは、公文式は、学力を高めるだけが目的ではなく、意志や心を育て、子どもを自立に導いていくことに特化しているからです。

たとえば、大好きな先生に花マルされたり、大好きなママにほめられるのがうれしくて、それを楽しみに学習していた幼児の子が、「早くひらがなを書けるようになって、お友だちに手紙を書きたい」と思うようになったとしたら、意志が育った証《あかし》です。がんばる動機そのものが変化・成長したわけですから。

また、何でもすぐ質問していた子が、じっくり考え、「途中式の三行目までは分かるんですけど、四行目からが分からないので教えてください」と聞くようになったとしたら、そのこと自体が「成長」です。深く考えてから質問しようと「意識」するようになったわけですから。これらが起きやすいのは、子どもにとって、むずかしすぎる問題ではなく、常に「ちょっとがんばればできるところ」を解《と》いているからです。

教室の先生、スタッフは、「自分の力でできた」「ひとりでできた」という、子どもの気持ちを育むために、意識して指導し、言葉がけをしています。そして、意志や心を育むことの大切さを知ったお母さんのなかには、子どもを評価するのではなく、子どもといっしょに走る、いわば〈伴走者《ばんそうしゃ》〉となって、子どもを認め、ほめ、はげます人もあらわれます。

もちろん、うまくいく日ばかりではありません。ただ、子どもたち一人ひとりが「ちょっとがんばればできるところ」を学習しているので、親や先生の接し方によって、子どもの学習姿勢がよくもなれば、悪くもなります。それがあまりに顕著《けんちょ》に出るので、わたしたち大人も、素直に反省しやすいのです。大人と子どもが「共育」で、おたがいに育てあいっこする関係が起きやすいのです。そのことを、教室での親子の成長を見ていて、すごく感じます。

人とくらべないから、親も先生も親馬鹿しやすい

公文式では他人をけおとしての競争がありません。自習形式で進んでいくので、もちろん、先生に見守られながらではあるものの、子どもにとって、他人との競争ではなく、自

分とのたたかいがずっと続きます。葛藤も感じます。そういう経験を通して、自分の心をコントロールできる力も、少しずつきたえられていくのです。

くわえて、ここが重要なポイントですが……、子どもたちは先生から、常に過去できなかったことが、今できるようになったことを見つけては認められ、ほめられます。そういう認められ方が日常なので、やがて子どもたちは、自分のことも〈成長を喜ぶ視点〉で見ることができるようになるのです。

先日、あるお母さんにこんな話を聞きました。

祐樹くん（仮名）は、低学年のころから「あゆみ」（通知表）は〈がんばろう〉ばかりでした。お母さんに対しても、「これはどうしてなの?」と、何かで質問されると、おどおどした表情で何も答えられず、自分の意見など言えない子でした。それは、わたしに対しても同じでした。

学習を始めてから一年たったころ、学校の成績が向上しました。といっても、〈がんばろう〉の数がへり、ほとんどなかった〈よくできる〉が少しふえた……という程度です。

電話で「あゆみ」（通知表）の内容を聞いたお母さんが「あぁ、そうだったのねぇ」とさらっと流すと、今までお母さんに意見など言えなかった祐樹くんがこう言ったそうです。

「お母さん、〈がんばろう〉がへって、〈よくできる〉がふえたんだから、これって、ほめることやと思うで」

この話をお母さんからお聞きしたとき、ほんとうに感動しました。自分に自信がなく、お母さんにもわたしにも、自分の意見など言えなかった祐樹くんが、〈成長を喜ぶ視点〉で自分のことを見ることができ、お母さんにどうどうと話せるようになったのです。同じころ、わたしに対しても、自分の成長や今の気持ちを話せるようになりました。

「ぼく、最近、すごいと思うねん。初めての問題でもまちがいが少なくなったし、時間も速くなった。学校の授業もわかるようになったから、ぼく、今勉強が楽しいねん」

もちろん、まだまだ彼の成長はこれからですが、こんなふうに、祐樹くんは成長していったのです。

そういう成長を続けていった結果として、最後の教材（高三課程）までをおえた場合、子どもたちはすばらしい果実を手にします。それは、「やりとげた」「やりぬいた」という達成感です。

また、やりぬく過程で、その子なりの「人生哲学」を持つようになります。

子どもたちがその後の人生で苦境におちいることがあったとき、こういう経験がそれを乗りこえる原動力となるのです。

スポーツでも、武道でも、芸術でも、とことんやって高いレベルまで自らを高めた人は、あきらめない心ややりぬく力がつくだけでなく、自らの「人生哲学」のようなものを持つようになりますよね。それとまったく同じです。

自らの体験を通して「人生哲学」を持った子は、自己肯定感《こうていかん》もすごく高くなります。だからこそ、何がしかを通して子どもたちには、「とことん、やりぬいた」という体感を味わってほしいのです。

だいじょうぶ ぼくにはできる あきらめない
人生マラソン
うわあ!
もう だめだ…
みんな いなくなっちゃったし…
目標達成!
やったあ!
パチパチ
でも…
ぼくは どんなときも あきらめなかった
だいじょうぶ ぼくにはできる!
あきらめないのが ぼくのやり方

第四章

すぐに役立つ！　イライラしたときの知恵

「子育てのいろいろなアドバイスを人から聞いて、『なるほど。そうすればいいのか』と頭ではすぐ理解できても、実際の場面では、つい感情的になってしまうのよね〜」

そんなふうに悩んでおられるお母さんはたくさんおられます。理解することと実践できることは別ですからね。ある意味、自らの感情をコントロールできるようになれば、スポーツの世界でも子育ての世界でも、一流の領域と言えるのではないでしょうか。

「そんな自分には、なかなかなれそうもないわ」と思われたお母さん。こんなときこそ、〈心の成長を喜ぶ視点〉です。

感情的におこってしまってもいいじゃないですか。聖人君子じゃないんですから。でも、「こんな親になりたいなぁ」と思って奮闘《ふんとう》していたら、知らず知らずのうちに、成長しているものです。

この章では、以前、上梓《じょうし》させていただいた『だいじょうぶ！「共育」でわが子は必ず

伸びる』（くもん出版）を読まれて、

「やってみたら、おどろくほど効果がありました」

「これをいつも意識して、感情をコントロールすることにつとめています」

など、お母さん方の反響がとくに多かった「心の処し方」や「考え方」の箇所を数多く列挙しています。

今回は、〈心の成長を喜ぶ視点〉ということで、再度、整理しなおして書いていますので、そのイメージで読みすすめていただければ、前作を読んでくださった方にも新たな気づきがあるかと思います。

イライラしたら長い呼吸

わが子の勉強を見る場合でも、お母さんがイライラせず、ヤイヤイわめかず、子どもの努力を心から認めて、ほめて、調子に乗せてあげることができればいちばんいいのですが、いかんせん、見ていると腹が立ち、「何で、これが分からへんの！」と責めてしまう。そんな経験って、だれしもあると思うんです。

では、そんなとき、どうやって心をしずめればいいのでしょうか。

具体的な方法の一つは、〈呼吸法〉です。スポーツの世界では、メンタルタフネス〈精神的な強さ〉をきたえるために呼吸法が取りいれられています。〈平常心〉をたもつ努力をしていないと、ここいちばんに力を発揮できませんからね。

どんなスポーツでも、ミスが続いてイライラしてくると、ストレスから呼吸が短くなるそうです。呼吸が短いとは、具体的に言うと、すう時間も短く、はく時間も短いことを指します。反対に、調子のよいときは、ゆったりと長い呼吸をしているそうです。そう考えれば、ストレスがほとんどない赤ちゃんの呼吸って、とっても長いですよね。

これを逆手に取れば……、呼吸が長いときは調子がいいわけですから、調子が悪くイライラしているときに、意識的にゆったり呼吸することで、〈静かな心〉がたもてる……というわけです。

〈呼吸法〉を続けていくと、少々のことでおこったり、感情が激さないようになってきます。わたしは子どもたち相手にも実践しています。自分でイライラしているなぁと思ったら、すかさず長〜い呼吸を五回ぐらいするんです。

もちろん、これを実践しようと思っても、呼吸法をこころみている最中に、イライラが勝ってしまって、子どもを責めてしまっているときもあります。でも、そんなこと、気にしなくてもいいのです。何よりそうやって、子どもに感情をぶつけないチャレンジをしていることが大切なのです。実践しようとしていれば、知らず知らずのうちに感情の爆発が小さくなっていきますからね。

〈呼吸法〉にもいろいろありますが、まずは手軽な腹式呼吸法あたりをためしてみてはいかがでしょうか。〈四拍〉すって〈四拍〉止めて〈八拍〉はくイメージです。〈四拍〉止めるときには、お腹を風船のようにふくらませ、〈八拍〉はくときには、そのお腹をしぼませます。

すう息よりも、はく息のほうが長いことがポイントです。唇をすぼませて、ゆっくり、細く長～く息をはいてみてください。心がだんだんしずまってきます。そうすれば、イライラしていても、冷静に子どもと相対《あいたい》することができるようになってきます。

子どもにもさせると、なお効果的です。受験当日であっても、テスト用紙を前に、まず、目をとじたまま三〇秒間でいいので呼吸法を行い、心が落ちついてから取りかかるようにするのです。脳波がα《アルファ》波状態（リラックスしながらも、集中しているときに強く出る脳波）になるので、ケアレスミスがへります。この方法を身につければ、実力はあるんだけどテストに弱いとか、プレッシャーで本番に弱いということからも解放されます。

また、子ども相手にイライラカッカとなってきた場合、顔をあらうという手もあります。そういうときは、血が頭にのぼっているので、冷たい水で顔をあらうと一発で落ちつきます。

わたし自身も意識して使っている手です。これはお父さん向けには、かんたんで効果抜群ですよ。お母さんも、すっぴんのときにはためしてみてくださいね（笑）。

プラス暗示が子どもの人生を変える

私事になりますが、わたしの母は、七十三歳まで実に半世紀にわたって高校、大学で教《きょう》鞭《べん》をとっておりました。そんな母が、講義のときでもゼミのときでも、意識していたのは、〈学生たちにプラス暗示をあたえること〉でした。

「心の持ち方一つで人生が変わる」ということを英語の授業を通して学生たちに話し、彼らに自信と勇気をあたえたのです。すると、どうでしょう。講義のあと、数名の学生が母の研究室にやってきて言ったそうです。

「わたしは今まで、この大学に在籍していることに劣等感を感じていました。でも、先生のお話を聞いて、そんな気持ちがふっとびました。先生とお会いできただけでも、この大学へ来たかいがあります」と。

母が高校の教師をしていたころにも、こんな話があります。その高校でもっともぐれており、他の先生がこわくて近よらなかった生徒がいました。彼に対し、母が愛を持って叱《しか》り、そして「あなたは可能性の宝庫なのよ」ということをくり返し語りつづけ、プラス暗示をあたえたそうです。

ある日のこと、今から二〇数年前だそうですが、母にその生徒から連絡がありました。「現在、ある会社の社長をしています。あのときの先生の叱咤《しった》激励なしに、現在のわたしはありません」と。

壁に向かって念仏

他人がプラス暗示をあたえた場合でも、これほどまでに子どもの人生を左右するのです。

毎日生活をともにしている親が、わが子の人生を大きく左右しないはずがありません。ですから、わが子にはプラス暗示をあたえることを「意識」することです。「意識」することが子育てをよい方向に導きます。

わが家において、幼いころからわたしにプラス暗示をあたえてくれたのは、おもに父でした。一方、母はといえば、頭ではプラス暗示の大切さはわかってはいるものの、子どもに対してヒステリックになることもしょっちゅうでした。

とくに、出来の悪かったわたしのことは心配で、父と何度も話しあったそうです。そんなとき父は、必ずといっていいほど、

「心配しなくてもだいじょうぶ。あの子はあとになって伸びる」

と言ってくれたそうです。

しかし、母が何でもたよっていた父は、わたしが高一のときに他界しました。

このときからです。「わたしを調子に乗せるぐらい、認め、ほめ、はげまし、期待する」ことへの母の必死のチャレンジが始まったのは……。

時期は思春期。反抗期まっさかり。少々、親がほめたりしてくれたところで、うれしそうな表情をすることなどありません。それでも、当時、母は、

「あんたは将来、伸びるんやでぇ。お父さんがいつもそう言ってたやろ」

といった感じで、わたしが聞く態度を出していようがいまいが、しんぼう強くプラス暗示をあたえつづけてくれました。

「必死にほめようと努力しているんだな」ということが、子どもながらに伝わってきたものです（笑）。

反抗期のわたしは母の言葉に対し、無視するか、口を開けば、

「もうその話は前に聞いた。何回も言われんでも分かってるわ。うっとうしい」

と、にくまれ口をたたいていました。そんな返事しか返ってこなかったわけですから、母にとっては腹立たしかったし、イライラもしたにちがいありません。しかし、そんな葛《かっ》藤《とう》する気持ちを、子どもであるわたしにはおくびにも出さず、えらそうに言うわたしに、母はこう返してきたんです。

「別にあんたに言ってるんやないで。わたしは、壁に向かってしゃべっているだけやから、気にせんといてなぁ」

これには、表情はむっとしながらも、内心ふき出してしまったものです。母の言葉は、まるで、〈壁に向かって念仏〉をとなえているかのようでした。

壁に向かって念仏
だ…だれに話してんねん…
壁に。
気にせんといてなぁ。
あんたは将来伸びるんやでぇ～
あんたは伸びる
ぶつぶつ
ぶつぶつ
ボト

あとから聞けば、母も必死だったそうです。父親という精神的支柱を失い、とにかく、わたしがぐれないようにと、ただ、それだけをねがっていたとか。ですから、母にとっての当時の〈壁に向かってプラス暗示の念仏〉は、やればいいとは分かっていても、わが子にはなかなかできていなかったことへのチャレンジでした。

そんな気持ちがあったからこそ、口やかましく言いたくなる気持ちをのど元でぐっとおさえ、〈壁に向かって念仏〉でプラス暗示をあたえる努力をしてくれたのです。そして、母のプラス暗示を聞きつづけたわたしは、自分の存在に自信を持っただけでなく、知らず知らずのうちに、人を見るとプラスの言葉をかけることができるようになっていきました。〈潜在意識《せんざいいしき》〉の奥深くまで、プラス暗示が浸透《しんとう》したんでしょうね。

プラス暗示の影響力はおそるべきものです。プラス暗示の言葉は、子どもに聞かせるより前に、自分の耳がそれを聞きつづけますよね。それがまた、いいのです。

そうするうちに、わが子のことを〈減点法〉ではなく、〈加点法〉で見ることができるようになってきます。いや、わが子だけではありません。自分自身のことも〈加点法〉で見ることができるようになり、お母さん自身が楽な気持ちで子育てできるようになるのです。

マイナス暗示は、子どもの心に毒をもるのと同じ

笑い話ですが、現在にいたっても、母はわたしにつぶやきながらプラス暗示をあたえようとしていることがあります。母は枯れそうになった花を再生させる名人ですが、そんな際、たまたまわたしが近くにいたら、聞こえるようにつぶやくのです。

「〈きれいな花を咲かせてなあ〉と心から期待し、愛情を注いで水をやっていると、こん

なにたくさんつぼみが出てきた。花を育てるのも人を育てるのもいっしょやなぁ。手をかけて愛情をそそいで育てていけば、必ず、それに応《こた》えてくれるもんや」

こういうつぶやきが、教育の道に進んだわたしの〈肥《こ》やし〉となっていることはいうまでもありません。

大切なことなので、ここでつけくわえておきますが、

「あなたはほんとに何をやってもダメな子やね。お母さん、情けないわ」といったマイナス暗示を子どもにあびせつづけた場合も、当然のことながら、子どもの〈潜在意識〉の奥深くまで浸透してしまいます。

これは、子どもの心に毒をもっていることにもなるのです。多少の毒ならまだしも、長年にわたって、毎日、ずっと心に毒をもられつづけると、「ぼくはダメな子なんだ」と、自分の存在に自信の持てない子に育ってしまいます。ひどい場合は、「わたしなんて、生まれてこないほうがよかったんだ」となってしまうでしょう。

いずれにせよ、「わたしなんて、何をやってもダメだ」と子ども自身が思いこむようになってしまうと、結局、こまるのは親御さん自身です。

マイナス暗示は、わが子の心に毒をもっていることと同じ。これはぜひ、肝《きも》に銘《めい》じてお

いてください。

失敗しても当たり前。遊び心で語ってみよう

子どもにプラス暗示をあたえてあげることは大切だとは分かっていても、子どもにえらそうな態度やふてくされた態度をとられたら、とても腹が立ってきますよね。

「何なん、この子。だれが赤ちゃんから育ててきたと思ってんの！」

というような気持ちになって当たり前。すごくよく分かります。

母の暗示のあたえ方のポイントは、結局、壁に対してとか、植木に対してなど、常に子ども以外の〈もの〉に対して語っているところです。これは、ひとり言でしかないので、だれも反発してきませんし、耳は遮断《しゃだん》できないので、子どもの心に確実に浸透していくのです。第二章の「どうすれば、読み聞かせで挫折《ざせつ》しないの？」の項目（72ページ）では、「部屋のなかに子どもがいるかぎり、お母さんの読んでいる声は必ず、子どもの耳に入ります。耳は、聞くことを遮断できないので、それを続けていれば、一〇〇パーセント、子どもは本好きになっていきます」ということをのべましたが、〈壁に向かってプラス暗示の念仏〉は、これと同じ理屈です。

もちろん、そうは言っても、「うっとうしい」と悪態ついてくるわが子を無視して、壁に向かってしゃべるというのは、けっしてかんたんなことではありません。

ただ、くり返しになりますが、わたしの母も悟《さと》ったように〈壁に向かって念仏〉をやっていたわけではありません。いかりをおさえようと、自分の心と葛藤したり、そうは言ってもがまんできずにヒステリックになってしまったり……をくり返しながら、少しずつ進化していったのです。

そして、こんなふうに、親が葛藤しながらもチャレンジしている姿を目の当たりにしていることが、思春期の子どもにとっても、すごーくよい影響をあたえるんですね。わたしはこのことを、身を持って体感しました。

だからこそわたしは、子どもたちにプラス暗示をあたえつづけるよう意識しています。

高学年の子がふだんとちがう、すごくきれいな字を書いたりしたら、

「えっ？　これが健治の字か。こんな字が書けるのか。まるで、印刷された字みたいじゃないか」などと話します。

高学年以上の子の場合、照れからか、わたしの前ではそれほどうれしそうにはしません。それでも、メールや電話でお母さんにお聞きすると、家ではものすごく自慢していたりす

るんですね。だからこそ、相手がその場でうれしそうにしてくれたかどうかにかかわらず、わたしは〈壁に向かってプラス暗示の念仏〉を心がけています。

ぜひ、遊び心でやってみてください。壁に語りかけようが、犬に語りかけようが自由です（笑）。「そんなこと、わたしにできるかな。わたし、ほめるのがへただから……」と感じられた方もおられるでしょう。

いいじゃないですか、失敗したって！　失敗したら、また仕切りなおし。そんなふうに心の片すみで「意識」しているうちに、プラス暗示をあたえるプロに近づいていくのです。

無理をしないことが、素敵なママへの道

赤ちゃんがやってきたとき、子育てはだれにとっても初心者です。二人目の赤ちゃんが生まれたら生まれたで、やはり、二人の子を育てる初心者となりますからね。性格がちがうので、同じ対応をしても、お兄ちゃん、お姉ちゃんと反応がまったくちがうことに、とまどわれるお母さんも多いと思います。

子育ての状況は、一人ひとりちがうのですが、素敵なママへと進化されるお母さんがいちように努力しておられることがあります。それは、〈認める、ほめる、待つ、あせらない、腹を立てない〉の実践です。これは、〈心の成長を喜ぶ視点〉でわが子を見ることができるようになればなるほど、実践レベルが上がります。

もちろん、これもまた、けっしてかんたんなことではありません。

素敵なお母さんの話を聞いても、つい、「それは○○さんだからよ」と思ってしまう……。育児書を読んでも、「そんなふうにはうまくいかないわ」とか「分かっているけど、できないから悩んでいるのよ」とネガティブに考えてしまう……。これは、ほとんどの人の自然な考え方です。でも、そうおっしゃるお母さん方も、お話ししてみると、みんな、「できることなら自己改革したい」と思われているのです。

では、自分を変革していくときの、考え方のポイントは何でしょうか。わたしの考え方は単純です。○○さんのりっぱな状態は、自分の〈到達イメージ〉において、まずは、自分のできるところから一歩ふみだすことを目指すのです。この考え方は、子育てにおいてとても重要です。

偉大なる教育者で哲学者でもある森信三*先生の言葉に、

森信三(もりのぶぞう)：明治29(1896)年愛知県生まれ。京都大学哲学科で西田幾多郎氏の教えを受ける。常に実践を重んじ、実践から得た真理からその思想体系(全一学)をつくりあげる。「国民教育の祖父」として、教育界に大きく貢献した。平成4年、95歳で逝去。

「一〇のうち、九つほめて一つ叱る。これでもまだ、ほめ方が足りない」というのがあります。たとえば、お母さんがご自分をふり返ってみて、「一〇のうち一つしかほめてないわ」と感じられたとします。**そんなとき、まずは一つを二つにする努力をするのです。一つを九つというと「わたしには無理だわ」とあきらめてしまいますが、一つを二つにならら、「ちょっとやってみようかな」と思えます。それにこれなら、二つできていても、一〇のうちの八つはおこりまくっていてもいいわけですから、意識すれば、必ずできます。気楽でしょ（笑）。**

幼児をお持ちのお母さんに〈本を読み聞かせてあげることの重要性〉についてお話しすると、「今日から読み聞かせ、がんばります」とおっしゃる方が多いんですね。

そこで、わたしはあえて言うんです。「いや、あんまりがんばらなくていいですよ」と。読み聞かせがいいからといって、生活のリズムをくずしてまで何冊も読んで、二、三日で挫折するよりは、一日一冊でも、お母さんが子どもとのやりとりを楽しむぐらいのゆとりを持って読み聞かせをしてあげることで、子どもにとっての本の楽しさが倍増するんです。また、冊数が目的化して、「よし、これで今日のノルマ、一〇冊達成！」なんてことになったら本末転倒。それこそ、「何のために、だれのために読み聞かせするの？」ってことになりかねません。

もちろん、読んであげる冊数は多ければ多いほどいいのですが、あくまで、お母さんにとってできるところから始め、無理なく冊数をふやしていくのが、だれでも長続きして、かつ効果の上がる方法なのです。

読み聞かせにかぎらず、すべてにおいて、「これだったらできそうかなぁ」と思うレベルのところから気軽に始めて、失敗してもいいから、少しずつレベルアップを目指していきませんか。

欠点に目をつぶる勇気！

わたしの大学生のころのアルバイトのひとつは、テニススクールのコーチでした。初めのころは初中級者の方々を相手にレッスンしていたわたしも、大学二回生になってからは、上級者を対象とするレッスンが多くなりました。ただ、上級者といっても、レベルはさまざまで、ものすごく実力のある人がいる一方で、かっこよく見せたいせいか、速いボールを打ってはミスばかり……という人も少なくありません。

何事も基礎基本が大切なように、ゆっくりと自分のねらったところにコントロールできてこそ、上達も速いのです。そこでわたしは、生徒さんにゆっくり打つことをアドバイスしました。でも、生徒さんは言うことを聞きません。

「そんな練習では、試合ではぜったいに通用しませんよ」と、わたしが声をはりあげて言えば言うほど、いやがらせのように、コートに入りもしない速い球で打ちかえしてきたのです。当時、未熟だったわたしは心のなかで思いました。

「せっかく、人がうまくしてやろうと思っているのに、言うことを聞かん人たちや。だから、いつまでたっても上達しないんだ。悪いのはおれやない。生徒のほうや」と。

しかし、いろいろな本で人の心理を学ぶうちに、わたしの言うことにことごとく反対された理由がわかってきました。通われている人のほとんどは、朝から晩までお仕事をがんばっておられる方々です。日々、いろいろなストレスもあるでしょうに、その方たちに対して二〇歳前後の若造が、本人も意識しているであろう欠点を指摘したうえで、「こうしなさい」とえらそうに言うわけです。反抗されて当たり前ですよね。

それが分かってからというもの、わたしは本人の苦手なところにはいっさい目をつぶり、すばらしいと思ったところをほめまくる〈長所伸展法〉に変えました。

「いやぁ、サーブがうまいですね。そんなに打てたら、仲間内ではいちばんでしょ」と苦手なバックハンドにはいっさいふれず、得意なサーブだけをほめました。

すると、まったく言うことを聞かなかった人たちの態度がまるっきり変わったのです。

「木全コーチ、実は、サーブはいいんですけど、悩みの種はバックハンドでして……」と。

そこでわたしは、「ゆっくり打ってみてはどうですか。わたしは今でもそんな練習をしていますよ」と、〈強制〉ではなく、〈提案の形〉で水を向けました。すると、今まで何を言ってもぜったいに言うことを聞いてくれなかった生徒さんが、こちらがびっくりするぐらい、素直にアドバイスを聞いてくださったのです。この経験を通して、当時、わたしは思いました。

「以心伝心というけれど、わたしが心のなかで、『言うことを聞かないのは相手が悪い』と思っているときは、どんなにいいアドバイスでも、相手は聞く耳を持たないんだなぁ。それに、無理に相手の悪いところを変えようと思っても、『強制は反抗を生む』だけなんだ。反対に、相手の気持ちをイメージするよう心がけ、欠点には目をつぶって〈長所伸展法〉で接すれば、相手の心が素直になったり、『欠点を直したい』という意志まで芽ばえたりするんだから、人の心っておもしろいなぁ」

まさに、テニスを教えることを通して、わたし自身が大きく成長できた瞬間でした。

子どもを見ていると、ついつい欠点が目につくものです。しかし、欠点ばかり指摘されると、大人ですらつむじを曲げるのです。子どもなら、なおさらでしょう。

日常のわが子の欠点に関しては、勇気を持って目をつぶってみませんか。欠点に目をつぶるかわりに、わが子の長所を伸ばす決意をするのです。これを実践していけば、自分自身の伸ばし方もレベルアップすることまちがいなしです。

どんなふうに叱ればいいの?

叱る。これは、単に自分の感情をぶつけて〈おこる〉こととはちがうと思っています。わたし自身もふくめて、つい、感情をぶつけてしまう人は多いと思いますが、愛を持って叱ることとは、子どものすこやかな成長のためには、とても重要です。〈ほめる〉だけで、子どもがりっぱに成長するかといえば、そんなことはあり得ませんからね。

人を傷つけたり、人の気持ちをふみにじるような言動など、倫理的、道徳的に悪い場合は、断固たる姿勢で叱ることが必要です。これをおろそかにしていると、なまくらで、いいかげんな人間を育てることになります。

いちばんよくないのは、努力過程などプロセスのことは無視で、点数や成績という〈結果〉のみで、親御さんがおこったりほめたりすることです。これを続けていると、やがて、子どもはこう考えるようになってきます。

「お母さん（お父さん）は、ぼくのことが好きなのではなく、〈よい点数を取るぼく〉のことが好きなんだ」と。

子どもにとって、ここから戦いが始まります。よい点数を取らなければ、お母さん（お父さん）は認めてくれないと思うものですから、真面目な子ほど、必死でよい点数を取ろうとします。しかも、この戦いは永遠に続きます。

まだ、成績が上がっている間はいいのですが、思うようにいかなくなったとき、やがて、子どもは成績にかり立てられることにつかれてきます。

ここで、「ほっておいてくれ。どっちみち、おれはアホなんや。悪かったのぉ」と反抗してくる子どもなら安心です。

心配なのは、なまじっか親の期待する点数を取り、親の期待する学校に入る力があり、なおかつ精神的には弱いタイプの子です。というのは、他人との相対比較で自分自身を見てしまうことが習慣になってしまうと、子どもは社会に出てから、ぜったいにかなわないと思える人と出会ったとき、打ちひしがれやすいのです。そして、真面目であるがゆえに、常に周囲の評価を気にするように育っているがゆえに、精神的にまいってしまいやすいのです。

親御さんが、点数や成績で叱っているのではなく、悪い行為だけを叱っているつもりのときでも、子どもには「お母さんはぼくのことがきらいでおこってるんだ」と受けとめられることだってありますから、叱ることは、ほめること以上にむずかしいといえるかもしれません。

しかし、多少の誤解があったとしても、叱るべきときに叱ることで、子どもは〈自分のことを真剣に考えてくれている〉というメッセージを受けとることになるのです。何より、親が子どもに対して真剣勝負でぶつかること自体が、親子の〈絆《きずな》〉が太くなるとわたしは確信しています。

〈叱る〉ことについて、わたし自身の子ども時代の経験をお話しします。

わたしの両親は、学校の成績で、わたしのことを叱ることはありませんでした。これは点数がいいからではありません。すでにお話ししたように、わたしは小学校低学年のときも、「あゆみ」（通知表）は〈がんばろう〉のオンパレードでしたからね。それでも、父は「トクヒロは大器晩成型だ。大器晩成というのはあとになって伸びることを言うんだよ」と常にプラス暗示をあたえつづけてくれました。わたしを育ててくれたころには、〈ほめ育ての達人〉になっていた父でしたが、同時に、わたしは父から叱られた経験も数多く持っています。

ちなみに父は、わたし自身が悪いと自覚しているときには、やさしい口調で、わたしに問いかけ、考えさせるように話してくれました。「叱られる！」と覚悟しているときだけに、ホッとすると同時に拍子ぬけした体験もよくしたものです。「子どもがすでに反省していることならば、叱る必要はない」といった考えを持っていたのでしょう。子どもの様子を見ながら、叱り方も変えていたのだと思います。

その一方で、わがままをおしとおそうとしたときや、反省せず、態度が悪いままで改めようとしないときなどは、父にお尻をペンペンされたものです（笑）。お尻といえどもわが子をたたくというのは、親にとってもよほどのこと。子どもはお尻がいたいでしょうが、親は心がいたみます。何といっても自分の分身ですからね。

でも、将来、人から喜ばれ、信頼され、尊敬されるような、りっぱな大人に育ってほしいとねがうからこそ、父はその行動を取ったのだと思うんです。事実、そうやって叱られたことにより、「人として生きていくうえで、やっていいこと、悪いこと」の判断基準がわたしの心に植えつけられました。父がそうしてくれたことに、今、心から感謝しています。もちろん、ふだんから、わたしのことを認め、ほめ、はげまし、期待してくれる父からの叱責《しっせき》だったからこそ、心に強くひびいたのはいうまでもありません。

梅雨型の叱り方ではなく、雷、のち快晴で

また父は、叱ったあと、遅くともその日の夜までには、叱られたことがうそのようにやさしい笑顔で、冗談を言いながら接してくれました。「まだ、おこっているだろうなぁ」と思っているのに、冗談を言われて、叱られた事実さえなかったかのように接せられるので、幼児のころから、「叱られたって、しばらくしたら、やさしいパパにもどるもん」とみょうな自信を持っていました。

わたしを叱ったあと、父は意識して〈気持ちの切りかえ〉をしていたのだと思います。この叱り方だと、子どもから見ても、「やった行為が悪かったのであって、ぼく自身のことがきらいなのではない」というメッセージが、明確に伝わるんですね。これをわたしは、〈雷、のち快晴〉の叱り方と呼んでいます。この叱り方なら、子どもにかぎらず、大人相手でも、悪かったことを素直に反省しやすいのではないでしょうか。

これと正反対なのが、〈梅雨型〉の叱り方です。何かあるたびに、ネチネチと叱る。「そ

ういえば〜」と、半年前のことまで持ちだす。翌日になっても前日のことをひきずる。これでは、子どものほうもたまったものではありません。

また、そんな際はお説教することも多いかと思うんですが、これがたいてい長い。心理学的に見ると、お説教というのは、よい話にちがいないので、話している親自身がだんだん自己陶酔《とうすい》してくるそうです。一方、はじめは反省してうなだれていた子どもも、説教時間が長びくと、だんだん反抗する気持ちに変わってしまうのです。

だから言ったでしょ!!
まったくもう！
ごめんなさい
くどくどくどくどくどくどくど
あーいい話！わかる？
なぜ叱られているのかが分かってないわね
見たいテレビが…
そわそわ
くどくどくどくどくどくどくど
あーわたしっていいこと言うわ〜
もう分かった…
お説教しているうちに自己陶酔

「しつこいなぁ。何時におわるねん。このままやったら、見たいテレビがおわってしまうやん。どうしてくれるん」と。

ところが、子どもがこうやってそわそわしてくると、親はカチンとくるんですね。

「なぜ、叱られているのかが、この子は、まだ分かっとらん！」

こう思うもんですから、よけいに同じ話をくり返しだします（笑）。結果、説教は長びき、子どもは集中力が切れ、

「先生、うちの子はいくら言って聞かせてもダメなんです。だいいち、いくら話しても、ぜんぜん聞いてないんですよ……」となるわけです。実際、わたしも「説教するうちに自己陶酔してしまう」という話を知ったとき、「なるほど～。わたしも知らず知らずのうちにやってるわぁ」と、思わず自分自身をふり返って笑ってしまったものでした（笑）。

それを知ってからは、叱責はできるだけ短い時間にするよう意識して、そのかわり、目と目を合わせて真剣勝負で話すようにしています。

子どもは叱られるとき、目をそらしてしまうことが多いものですが、そんなときは、両手でしっかりほっぺたをおさえるなり何なりして、意識して目と目を合わせるようにするといいですよ。こちらの気迫が伝わるので、静かな口調であっても、声を荒《あら》げておこるよ

りも、はるかに親の想いが伝わります。状況に応じて、第五章（164ページ）で紹介している〈ほめ叱り〉を取りいれるのもいいでしょう。ぜひ、わが子の言動で悪いことがあったなら、〈雷、のち快晴〉を意識してみてください。

感情的になったっていいじゃない！

〈イライラしたら長～い呼吸〉〈壁に向かって念仏〉など、いくつかのべてきましたが、それがうまくできない日なんて、いくらでもあるでしょう。

たとえば、お母さん自身が「これからは感情的にならず、冷静に叱るようにしよう」と決意したとします。でも、決意したからといって、そんなかんたんにできるようにはなりません。

ですから、何度も言うように、それができたかどうかではなく、それに向かってチャレンジしていること自体が大事なのです。そうやって「意識」しているうちに、以前よりも感情的になる回数がへってくるんですね。

わたしでも、「以前だったら、この態度を見せられていたら、カッとなっていただろうなぁ。わたしも成長したなぁ」と思うことがよくあります。これが、できたかどうかの結果だけを見る〈評価する視点〉ではなく、〈心の成長を喜ぶ視点〉です。

あえて言います。感情的になったっていいじゃないですか。成長していくのは子どもだけじゃありません。親や先生も、子どもとともに成長していくのです。わたしたち自身を〈心の成長を喜ぶ視点〉で見ることができるようになっていけば、「自分はできていない」と自分を責めることもありません。

また、子どもができないことを「なぜ、こんなこともできないの！」と責める気持ちもやわらぎ、子どもに対して寛大《かんだい》になれるはずです。目標を定めても、すぐにできるようにならないのは、ほかならぬ自分自身ということに気づきますからね。

そんな葛藤をくり返すなかで、人は成長していくのです。肩の力をぬいてリラックスしましょう。失敗して当たり前。人間なんですから……。

「自分はこんな母親でありたいなぁ」という自分の〈到達イメージ〉は目指しながらも、リラックスして、自分の失敗をも笑いとばすぐらいが、何より、子育てを楽しめるコツだと思います。

感情的になってしまったときは、その日の寝る前か、あるいは翌朝になってからでもいいので、子どもに「さっき（昨日）は、感情的におこってしまってごめんね」とあやまればいいのです。親子なんですから、それですみます。

ところで、親御さん自身が「自分からあやまる」って大事なんですよ。悪かったなぁと思ったときに、素直に自分からあやまっている親御さんのもとに育った子は、悪いことをしたときには、自分から素直にあやまることのできる子に育ちます。

反対に、自分が悪かったときでも、親が子どもにあやまらないというご家庭では、子どもも悪いことをしても、意地でもあやまろうとしない子に育ってしまうことって多いんですね。

気楽にチャレンジして、自分が悪ければ素直にあやまる。こんなふうにしていけば、親も子も楽しく、「共育」でともに育っていける……、わたしはそんなふうに思うのです。

第五章

「早くしなさい！」にサヨナラする方法

～自分からヤル子へ～

この章では、子どもの意志や心を育てていくうえで、家庭ですぐに実践できるやりとりや、子どもとの対応で意識しておけば、子育てが今日から変わると思うことを中心に書いてみました。

なお、勉強についてのやりとりの話が出てきますが、「子どもの意志をどう育んでいくか」がこの章においてもポイントであり、そのやりとりの仕方は幼児を持つお母さんでも、今日からすぐに応用できるものも多いと思います。参考にして、うまく活用していただけたら幸いです。

うちの子、いくら言っても聞かないんだけど……

加藤由起ちゃん（仮名）、敦子ちゃん（仮名）という、小三、小一の姉妹のお母さんから、ある日相談を受けました。

姉の由起ちゃんは、勉強するときの姿勢がだらだら状態。妹の敦子ちゃんは、算数の問題を解《と》くとき、速いけど数字は乱雑で、ケアレスミスばかりになるという悩みでした。そこで、彼女たちに気持ちを聞いてみました。お姉ちゃんは、「初めはやろうって思ってるんだけど、めんどうくさいなぁって思っているうちに時間がかかってしまうねん」と話してくれました。妹の敦子ちゃんは、「早くおわらせて遊びに行きたいと思って解いていたら、つい、字がきたなくなってしまうねん……」とのことでした。

その話を聞いたわたしは、お姉ちゃんに「キッチンタイマー作戦」というのを提案しました。

これはたとえば、算数のドリルをするとして、「二〇分の間に何問できるかなぁ」とキッチンタイマーをスタートさせ、ゲーム性を持たせることで、集中力を高める方法です。

もちろん、これもお母さんが子どもの目標を勝手に決めて、「二〇分の間に二ページ目の最後の問題までやりなさい」と指示、命令をした場合は、うまくいかない確率が高いでしょう。**しかし、同じ目標でも、子ども自身が自分の頭で考え、自分で決めた場合なら、ちがった結果になることも多いのです。**

わたしはお姉ちゃんに、

「二〇分の間に何問できるかやってみようよ。もし、全問できてしまったら天才だよ。でも一所懸命やってみて、それでも残ったら、残りの数問は、三〇分でも一時間でもかけてやってもいいいやん」

と話しました。すると、「いくらなんでも、一時間は長すぎるわぁ」と笑っていました。子どもっておもしろいもので、「思いっきり時間をかけてもいいよ」と言われても、「あと少しでおわる」と判断すれば、こちらが思った以上に集中するものなんですね。

さらに、わたしはこう話しました。

「大事なのは、二〇分ですべての問題ができてしまうかどうかじゃないんだよ。二〇分の間に一問でも多く解くぞ！　と思ってチャレンジする由起ちゃんの気持ちにこそ、価値があるんだよ。やってみない？」

と話すと、即答で「うん、やってみる」と。

「じゃ、文字にして残しておこうか」と、自分で決めたことを紙に書かせました。その後、お母さんは電話で様子を教えてくれました。

「あれから、由起はずっと集中しています。わたしもあの日以降、子どもに自分の頭で考えさせるというのを意識してコミュニケーションするようにしているんです。ちょっと意識してやりとりするだけで子どもの反応が変わるので、毎日が楽しいです」と。

妹の敦子ちゃんには、「字を小さく書いてみない？」と提案しました。

余談ですが、字が乱雑な子に「ていねいに書きなさい！」といくら言っても効果はほとんどありません。しかし、小さく書くことを本人が意識したら、結果として、すごくていねいな字が書けるようになるのです。理由をお話ししますね。字がきたない子は、数字を書いても、ひらがなを書いても、文字の終点のところが止まりません。弱い筆圧で、ふわっと流れます。しかし、小さく書こうとすると、強い筆圧になるので、文字の終点部分がしっかり止まるようになり、結果として、ていねいな字になるのです。

さらに、わたしは敦子ちゃんにこう言いました。

「小さく書こうと思ってチャレンジしたけど、二枚目からは大きくなっちゃった……となってもいいやんか。そのことより、小さな字を書こう！　と敦子ちゃん自身が意識することが大事なんだよ。どう。やってみない？」

敦子ちゃんは悩みました。「うーん、どうしようかなぁ」

かなり長く悩んでいるように感じましたが、その間、あえて何も言わずに待ちました。三〇秒がすぎ、一分がすぎました。

「やってみる！」

敦子ちゃんは、決意したように言ってくれました。そしてその日から、字は小さくてていねいに書ける日がふえ、結果として、まちがいもグーンとへりました。

こういう変化が出たときには、ていねいに書けた答案用紙をラミネート加工して、おうちのなかにはり、みんなでお祝いするといいですよ。そうすると、ていねいな字で書こうと思う日が、まちがいなくふえていきます。


ところで、「キッチンタイマー作戦」も「字を小さく書こう」と提案したのもわたしです。しかし、それを「子どもが自分の頭で考え、自分で決めた」と実感できるプロセスが大事なのです。

一般的に多いのは、「やりなさい！」って命令して、「どうしてできてないの！」ってお

こる流れだと思うんです。しかし、これでは、子どもの心に「やってみよう」という気持ちが芽ばえません。そもそも、お母さんから「字をきれいに書きなさい！」と単に指示・命令されたことは、自分の意志がいっさい入っていないので、言われた通りにしない確率のほうが高いのです。

それよりも、少々こちらが誘導したとしても、最後は子ども本人に決めさせ、その通りに行動できていたら思いっきりほめる。なかなかやろうとしていないときには、さりげなくうながし、それでも行動にうつさない場合は、「自分で決めたことは、ちゃんとやろうね〜」と、少し強制になったとしてもさせるのです。この場合の強制は、161ページにくわしくのべている〈おだやかな強制〉がベストでしょう。

そして、子どもがしぶしぶ始めたとしても、最後までやりぬいたら、「今日は眠たかったのに、自分で決めたことをやり通せるなんてさっすがぁ！」と、そのときの態度はどうであれ、自分で決めたことをやりぬいたことを大騒《おおさわ》ぎするのです。

これだと、親にほめられる場合も、きびしくされる場合も、「自分で決めたことをしたかどうか」が判断基準になっており、一本筋が通っているので、「自分で決めたことはやろう」という気持ちが子どもの心に育っていきやすいんですね。

わが子ができない日だけを責め、できている日は「自分で決めたんだから当たり前」と、何の言葉がけもしていないことって、実際には多いのではないでしょうか。しかし、いやいや始めた日であっても、自分の決めたことをやりぬいた瞬間を認められ、ほめられることで、子どもはますます、自分の決めた目標にこだわりたくなってくるのです。

「価値づけ」してほめると、親の大切にしているものが伝わる

こんなことがありました。たし算がなかなかできず、ペケばかりだった愛ちゃん（仮名、

当時小二）が、ある日、あっという間に解いて、しかも一〇〇点だったのです。うれしかったわたしは、「すごい。愛ちゃん、すごいやん」と言って、頭なでなでしてほめていました。そのとき、愛ちゃんにとったら雑談以外の何ものでもなかったと思うんですが……、彼女がこんなことをつぶやいたのです。

愛ちゃん「わたしなぁ、今日、教室へ来る前、明日の時間割を見て、ちゃんと自分でランドセルに入れてきてん！」
わたし「へー。つまり、今までは自分で時間割を合わせてなかったんや」
愛ちゃん「うん。いつも、お母さんにおこられてから合わせてた」
わたし「それを今日は、自分から明日の準備をしてきたんやね。えらい！　愛ちゃん、今日の一〇〇点もすごいけど、お母さんに言われる前に時間割を合わせてきたことのほうが、もっとすばらしいんだよ。明日の学校のために、今、何をすべきかを意識していなかったらできないことだからね。愛ちゃん、すごいぞー。成長したなぁ。先生、めっちゃうれしいわぁ」

わたしのこの過剰《かじょう》とも言える反応に、愛ちゃんはポカンとしています。

自分が言った、それもたいしたことでもないと思っていたことが、「すごい、すごい」と大騒ぎされたことで、愛ちゃんにはその行為の価値が多少なりとも伝わったのでしょう。

次の教室日、愛ちゃんは教室へ入ってくるなり、わたしに得意げに言いました。

「先生、明日のランドセルの準備、今日もしてきたよ。今日だけじゃないよ。昨日も一昨日も、お母さんに言われる前に自分からやったよ」と。


ほめるポイントはココ!!

このように、自分から何か行動を起こした瞬間をのがさず、「価値」をつけてほめることが、「自分からやろう」という意識につながっていくのです。これをわたしは〈価値づけ〉と呼んでいます。

心にひびくほめ方のポイント

ところで、人はただ、ほめられたらやる気になるわけではありません。ピントはずれなほめ言葉は、相手を不愉快にしてしまうこともよくあります。ほめ言葉が相手の心にひびくのは、大きく分けて二つあります。

一つ目は、自分も自信があるところを、ズバッと、ピンポイントでほめられるケース。

たとえば、本読みが上手だと思っている子どもに、「読むのがすごく上手だね」とほめるケースです。ピンポイントでほめられると、わたしたち大人でも「ちゃんと、分かってくれてるんだぁ」とうれしい気持ちになりますよね。

二つ目は、自分自身があまりたいしたことではないと思っていることを、それがいかにすごいかをイメージできるようにほめられた場合です。これが、先ほどの〈価値づけ〉です。

「自分から」という意志や心を育みたい場合は、自分でやろうとした気持ちそのものに価値をつけて大騒ぎすればいいのですが、初めはなかなか慣れないかもしれません。でも、これも「練習」だと思えばいいのです。「その瞬間をのがさないぞ」という意識が心の片すみにでもあれば、だんだん見のがさなくなってくるのです。

この章の冒頭では、自分で立てた目標を子どもがちゃんと実行できたときには、ほめることが大切とお伝えしました。もちろん、ただ単にほめるだけでも子どもは意欲的になりますが、それをできるようになることが、なぜすごいのかを〈価値づけ〉してほめれば、子ども自身の「やってみよう」という気持ちが、より育ちやすくなります。

ある言動をほめられた場合、初めは、親や先生にほめられたいために「また、そうしてみよう」と思う子がほとんどかもしれません。だからダメだという人も世の中にはいますが、わたしは「初めはそれでいい」と思っています。これが、子どもにかぎらず、人間の自然な感情ですからね。**それでも、〈価値づけ〉してほめられているうちに、行動を起こす「動機そのもの」まで変化していくこともよくあります。**

ですからわたしは、子どもの言動の変化の「理由」や「気持ちの背景」にすごく興味があります。なぜならそこに、子どもの心の内面を感じとる手がかりがあるからです。

そこでわたしは、子どもに「なぜ、そうしようと思ったの?」とよく聞きます。「〜したかったから」と子どもが答えたら、すかさず「なぜ、そうしたいと思ったの?」と聞きます。そして、そう思うようになった子どもの気持ちの変化がどうすばらしいのかを、さらに〈価値づけ〉します。すると、子どもの表情がみるみる輝いていくのです。わたしは、そんな瞬間を見るのが大好きです。

どうすれば、自分から宿題に取りかかるようになるの?

「うちの子が、学校の宿題を、一声《ひとこえ》かけただけで取りかかってくれたら楽なんだけど、ヤイヤイ言っても、寝るまぎわまでなかなか取りかかろうとしないのよ」

こんなふうに悩まれているお母さんは、多いのではないでしょうか。

「いつになったら、宿題を始めるの! さっき、夕飯がおわったらやるって言っていたでしょ! いいかげんにしなさい!」

と、どなってても子どもは生返事ばかりでなかなか動こうとしない。そして、おこりつづけているうちに、だんだんつかれてくる……。こんなことはないでしょうか。逆にいえば、これをクリアできるようになれば、子育てはかなり楽になると思うのです。

では、どうすればいいのでしょうか。このときのポイントも、「子どもが自分の頭で考え、自分で決める」というプロセスを大切にすることです。

具体的には、いつ取りかかるかを子ども自身に考えさせ、決めさせるのです。「学校から帰ってからすぐやるのがいい？　それとも、夕飯前にするのがいい？」など、二択か三択で選択肢をあたえます。子どもが自分の頭で考え、選択します。このプロセスが何度も言うように大切なのです。

子どもが決めた時間の一〇分前ぐらいに、「キッチンタイマー」をセットされているお母さんもおられます。これは、学校のチャイムと同じで、時間が来たことを親子とも認識できるので、けっこう効果が期待できるようです。

あと、ここが大切なポイントですが……、子どもが決めた通りに行動できたときはもちろんのこと、それを「意識」しているような言動があるだけで、すかさずほめるのです。なぜなら、これが〈成長を加速できる瞬間〉だからです。子どもの意志や心の成長は、リアルタイムで子ども自身が「意識」したことを認め、〈価値づけ〉することで加速されます。

もちろん、取りかかりはじめる時間を子どもが決めたからといって、その日から毎日、できるようになるわけではありません。自分から取りかかった日をほめられたら、自分から取りかかる日がふえてくるというだけです。それでも、取りかかる日がふえたこと自体をほめられれば、子ども心に、「明日も、お母さんに言われる前に取りかかってみようかな」と思いやすいのではないでしょうか。

ちなみに、これを実践されたお母さんから、よく、メールをいただくことがあります。その一部をご紹介します。


先生に教えていただいた通り、自分たちで時間を決めさせたところ、決めた時間の五分前から始めてました(^o^)　すごーい！　毎日、悪戦苦闘だったわたしには、拍手喝《かっ》采《さい》です(^_^)v

うちの子が、今日、宿題を、わたしが何も言わないのに「自分から」していました。そして、ものすごく集中して宿題を解いていました。こんなこと、初めてです。「自分

から」宿題をするなんて！　ビックリです(^^)/~~~

子どもが自分で決めた通りに行動したときに、こんなふうに喜んでくれると、子どもの心に「もっと、そうしてみよう」という意志がどんどん育まれます。

ほめるのが苦手な人は、びっくりしてあげることです。

「えっ⁉」「へぇー」「ほー」

こういうおどろきの一言を、目を見開いて言うだけで、すごく効果があります。子どもは大人にびっくりされることが大好きです。取りかかりはじめる時間を少し意識した言動をしたときに、すかさず、「えっ⁉」とか「ほー」など、おどろきの一言をまじえていくと、子どもが鼻をふくらませて意欲的になることが多いですよ。ぜひためしてみてくださいね。

強制することは、すべて悪いことなの?

では、自分から取りかからない日は、ほうっておいたらいいのでしょうか。そんなことはありません。それを放置していると、目の前の楽を勝ちとりたいために、何でも先送りする子になってしまいます。

おだやかな強制

矛盾《むじゅん》したことを言っているように聞こえるかもしれませんが、子どもが決めたことは、実践させるように持っていかなければなりません。自分から取りかかることを当たり前にするためには、「習慣化」してしまったほうが、子どもにとっても楽なのです。

決めたことを実践させるのが苦手なお母さんは、根本的なところでやさしすぎるのです。「今日はもう眠たい。明日、やるから」と子どもが言うと、「ほんとよ。ほんとうに明日になったらするのよ」ですませてしまう。いわゆる、「妥協《だきょう》」をしてしまうんですね。そうなると、子どもはめんどうくさいことを先送りして、今の楽を勝ちとる成功体験をつんでしまい、ますます、手のかかる子になっていくのです。

もちろん、「妥協」することがすべて悪いわけではありません。しかし、「妥協の乱発」

は子どもに「次の妥協」を勝ちとろうとする意志を育み、結果として親子とも苦しむことになってしまうのです。

では、具体的にはどうすればいいのでしょうか。

「今日なぁ、なんか気分が乗らないねん。スイミングがあってつかれたし……。宿題、明日の朝、学校に行く前にしようかなぁ」
「お母さんも、つかれて気分が乗らないときがあるわぁ。そんな日に、夕飯のあと、洗濯物がたくさんあるのを見ると、もう、うんざりなのよねぇ。だから、気持ち、よく分かるわ。ということで、そろそろ始めよか」

まぁ、言ってみればこんな感じですね。**つまり、話を聞いて共感しつつも、そのことに同調せずに、「そしたら、始めようか」とさらっと持っていくわけです。わたしは、〈おだやかな強制〉と呼んでいます。**

そうして、ここがまたポイントなのですが、そんな気分が乗らなかったときでもがんばった子どもを、宿題がおわったあと、ほめるんです。

「今日はスイミングでつかれて、気分が乗らないと言っていたのに、そんな日でも、最後までやりぬいたあなたは、ほんとにえらい！」

これを言うのがむずかしいというお母さんは多いかもしれません。でも、これもまた〈成長を加速する瞬間〉なのです。気分が乗らないときでも、ぼくはがんばった。それを認められ、ほめられたら、少しずつですが、子どもの心のなかにがんばる力が育っていくのです。

強制したりすることは、すべて悪いと思われる親御さんもおられますが、そうではありません。よく、子どもの自主性を尊重しようと、何もせず、ただ感情を殺して見守り、その結果、数日後に火山爆発のように、子どもをおこりまくる親御さんもおられます。

しかし、何もせずに見守っているだけでは、そうかんたんに「自分から取りかかろう」などという気持ちは育っていきません。人間だれしも、目先の楽に流れますからね。

だからこそ、何もせずに見守っているよりは、〈おだやかな強制〉をして、子どもに習慣をつけてしまうほうが、はるかに子どもの負担は少なく、また、結果として、自主性も育っていきやすいのです。これは、子どもの歯みがきを習慣化するのと同じです。

毎日歯みがきをするのって、ふつう、子どもはめんどうくさがりますし、幼児期などは、とくにいやがりますよね。でも、泣く日があっても、〈おだやかな強制〉で毎日やっていれば習慣になり、自然と「歯みがきをしないと気持ちが悪い」と思えるようになっていきます。これといっしょです。

〈おだやかな強制〉は、ヒステリックにおこるのとはちがいます。ヒステリックにおこると、子どもは泣きわめき、よりややこしくなるだけです。**そうではなくて、「やることはやるんだよ」という気迫を心に秘めながらも、満面の笑顔で接するよう心がけるんです。子どもは相手の大人が「本気かどうか」をいちばん感じとりますからね。**

「先生、満面の笑顔っていうのがむずかしいんです」とよく言われますが、女優になったつもりでやってみたらおもしろいかもしれませんよ。それに、子ども側から考えても、ふだんならおこっているはずのお母さんが笑顔でいることのほうがこわいかも（笑）。

ほめ叱《しか》り

それでもだらだらしていたときには、叱《しか》らなければなりませんが、そんな際にわたしがよくやるのが、叱るなかにもプラスメッセージを入れる叱り方です。これをわたしは、勝手に〈ほめ叱り〉と呼んでいます。

「良知ほどの男が、いつまでだらだらしているの。あなたが本気になったときの集中力ってすごいわよねぇって、いつもお父さんと話しているのよ。お父さんも、いざというときに集中できる男はものになる。将来が楽しみだって言っていたわよ」

たとえば、こんな感じです。

これを会社組織でされている上司の方も多いと思います。たとえば社長、あるいは上司から、

「こんな仕事すら、まともにできないのかぁ。おまえ

は何をやってもダメなやつだなぁ」

と叱られると絶望感に満ちてしまうかもしれません。しかし、

「なんだ、このミスは。おまえらしくないじゃないか！」

と言われた場合は、叱られて気持ちがへこんだなかにも、「いつもはそうじゃないと思ってくれているんだぁ」と、すくわれる気持ちが同時に起きるのではないでしょうか。

大人ですらそうなのですから、子どもなら、なおのことです。

叱るというのは、ほんとうにむずかしい行為です。

「ぼくのことがきらいだから、こんなふうに言うんだ」と思われたり、反感を持つのみになったら逆効果。ですからわたしは、子どもを叱る際でも、プラスメッセージを入れることを意識することが多いように思います。

ただし、この叱り方は、親子の〈絆《きずな》〉、先生と子どもの〈絆〉が太ければ太いほど、効力を発揮します。

ただ、もちろんですが、これも叱る手段の一つにすぎません。ですから、毎回、叱る際にプラスメッセージを入れなければならないわけではありません。わたし自身、子どものよくない言動に対して、烈火のごとく叱ることもよくあります。

子どもとの〈絆〉が太ければ、烈火のごとく叱っても、最終的には、そのメッセージをしっかり受けとってくれるからです。ただ、叱られている子どもの表情を見て、

「この子にとったら、今の叱り方は、ちょっときびしすぎたかな。このままだと、この子、へこんだままになるかも」

そう感じた瞬間に、とつぜん〈ほめ叱り〉に路線変更することもよくあるんですね（笑）。

叱ることも、子どもの意志や心の成長につながってこそ、意味があります。ですから、叱りながらも相手の表情を観察して、〈さじかげん〉ができる自分でありたい。わたし自

身、そんなふうに思っています。

子どもが言った「ふり返り」を責めるのは逆効果

子どもにかぎらず、人は目標を持って実践し、それをふり返ることによって、成長が加速していきます。そのふり返らせるときの注意点です。

「学校の宿題を二〇分でおわらせる」子どもがこう目標を立てて、実際には三〇分かかったとします。大人が見ていると、途中ボーっとしているようにしか見えなかったとします。宿題がおわったあと、子どもが「結果的に三〇分かかったけど、目標の二〇分を意識してがんばったよ」と言ってきたとき、わたしたち大人はつい、「どこが意識してたん。あんた、ボーっとしてたやないの！」と、責めてしまうんですね。

ところが、そんなふうに責められると、子どもは、

「どうだったかを聞かれても、へたにしゃべったらおこられる。それだったら、何も言わんほうがましや」

と考えるようになります。そうなると、何を聞いても貝のように口をとざすのが処世術……となってしまいかねません。ですから、子どもがどういう「ふり返り」をしたとしても、「あぁ、この子は、今日、こんなふうに感じているんだなぁ」と、子どもの感じたままを知ろうという感覚で受けとめることが大切です。もし、ボーっとしていたことをつっこむ場合でも、笑いを入れる感じで、やわらかく言うぐらいのほうがいいでしょう。

ここでもまた、現象面だけにとらわれないように意識するのです。やがて、しっかりふ

がんばったよ!
目標時間すぎちゃったけど
ボーッとしてるからダメなのよ!
ちっ
あーあ
へたにしゃべったらおこられる
つぎの目標は?
何も言わんほうがましや
ヘン!

「ふり返り」を責めたがために

り返ることができるようになったとき、その成長を思いっきり喜べますよね。〈成長を喜ぶ視点〉です。

もちろん、これをやったら、すぐ自主性が育ちました……となるわけではありません。人間の成長なんて、そんな単純なものじゃありませんからね。

こういうやりとりを何百回とくり返すうちに、子どもにその思考回路が浸透《しんとう》していき、自分で目標を立てて、自らふり返ることができる子に育っていくのです。

ちなみに、「二〇分でやろうとがんばった」と言ってきたら、「そんなふうに、目標の時間を意識したこと自体がすばらしいんだよ」と言ってあげたらいいでしょう。

そのうえで、「どうやったら、もっと速くできると思う?」と聞き、いっしょに考えていくスタンスでいいのではないでしょうか。そして、参考になる提案は出すものの、最終的にはこの章の冒頭で書いたように、子どもに自分の頭で考えさせ、そのことを言葉にさせることをくり返していけばいいのです。

うまくいったときこそ、因果関係コミュニケーション

ふだんまちがいが多い子が一〇〇点や九五点など、学校ですごくいい点数を取ったときなどはチャンスです。

「すごかったね。何に気をつけたら、こんなにいい点数を取れたの？」と聞くんです。すると、子どもは一所懸命考えながら、いろいろ答えてくれます。

「あやしいなぁと思うところは、見直しした」

「一〇〇点取りたかったので、文章を何度も読んだ」

「前回は、最後の約分をし忘れたから、今日は約分忘れをしないように気をつけた」

「こないだは字がきたなくてペケされたから、いつもより、ていねいな字で書いた」

なぜ、今日のテストがうまくいったのか。〈うまくいったことの因果関係〉を、子ども自身の言葉で、つまびらかにさせるわけです。

一般的には、「つめる」とか「つめられた」という言葉に象徴されるように、会社組織であっても、うまくいかなかったことの要因を言わそうとしますよね。もちろん、うまく

いかなったときの要因をさぐることも大切なことです。

でも、自分でちゃんと意識していないだけで、たまたまうまくいったように見える成功のなかに、「うまくいった理由」がかくれていることも多いのです。しかし、結果オーライになっているがゆえに、見すごされがちなのです。

うまくいったときこそ、なぜうまくいったのか、その成功要因をさぐれば、そこに「今度もうまくいくためのヒント」があります。ですから、子どもに答えさせるときのポイントは、「結果」ではなく、「要因は何か」を意識させることです。これをわたしは、〈因果関係コミュニケーション〉と呼んでいます。

もちろん、子ども自身が答えられない場合も多々あります。そんなときは、「今日はとくに字がきれいだけど、ていねいに書こうと意識したの？」など、少し誘導してあげたらいいでしょう。いずれにせよ、子どもがうまくいった要因、うまくいかなかった要因を考えられるようになるだけで、子どもはふり返るのが上手になっていくのです。

わが子がうまくいったときにこそ、「なぜ、そんなことができたの？　教えて！」と子どもに聞いてみてください。きっと楽しいですよ。

オウム返しコミュニケーションで、さらに意識づけ

前の項でのべたように、「何に気をつけたらこんなによい点数が取れたの？」と聞いて、「あやしいなぁと思うところを見直しした」と答えたとします。そんなときは、すかさず、**「なるほど、あやしいと思ったところを見直ししたんだ。だから、今日は一〇〇点だったんだね。えらいな」**

と、子どもが言った言葉を「オウム返し」してほめるのです。

少し、こちらが誘導して答えさせた場合でも、子どもが言った言葉を、「オウム返し」してほめます。そうすると、何となく見直しをしただけの場合でも、「あ、そうか。見直ししたら、今度も一〇〇点取れるかもしれない」と改めて気づきます。そうなると、見直しすることを「意識」するようになるんですね。

これは、子どもにかぎりません。自分の言った言葉を「オウム返し」してほめられると、人はそのことをすごく「意識」するようになるものです。何といっても、「こうしなさい」と指示された言葉ではなくて、自分でしゃべった言葉ですからね。こんなふうに、相手が

言った言葉を「オウム返し」して意識づけをするやりとりの仕方を、わたしは〈オウム返しコミュニケーション〉と呼んでいます。

そのほか、子どもがまちがったときに、「今日はどこをどんなふうにまちがえたの?」と聞いて、すぐに答えられたら、すかさずほめることも大切なんですよ。こんなふうにほめられると、子どもは、単にペケになった……ではなく、どこをどうまちがえたのかを「意識」するようになってきます。そうすると、子どもの成長は、より加速していきます。

「子どもの心に残る気持ち」をイメージすると楽しくなる

よく、笑い話でお母さん方に話すなかに、子どもが学校で九五点を取ってきたときの家庭でのやりとりがあります。

ほとんどのお母さんが、「へー、九五点、すごいやん!」のあと、「ところで、どこでまちがえたの?」に始まり、「あんた、この〈雨〉っていう漢字、書かれへんのかいな? ちょっと、この紙に書いてごらん」と言いだします。そして、書けたら書けたで、わたしたち大人は、つい、いらぬ一言《ひとこと》を言ってしまうのです。

「なんや、ちゃんと書けるやないの。つまりこのテスト、一〇〇点取れたのよ～。もったいないわよねぇ。お母さんがいつも言ってるでしょ。テストがおわったら見直しなさいって。お母さんが言ってることをちゃんと聞かないから、知っている漢字で点を落とすのよ。ほんと、もったいないわよねぇ。由理も、もったいないと思うでしょ」

これ、多くのお母さんの決まり文句です。しかし、もったいないと思っているのは、実はお母さんだけなんですね（笑）。九五点も取って責められた子どもはたまったもんじゃ

ありがちないらぬ一言

イエイ!
すごい!
95
ちょっとコレ!
は?
95
見直しよ! いつも言ってるでしょ!
もったいない
95
そう思うのは ママだけ
ねえ テストは?
次の週
見せないもんねー
97

ありません。このやりとりでは、「一〇〇点以外のテストは、もう、お母さんに見せんとこう」って気持ちが子どもの心に残るだけじゃないでしょうか。

書けなかったときには、子どもにとって最悪の事態が待っています（笑）。

「あんた、こんなかんたんな漢字も忘れてしまったの。あれだけ、練習したのに……。お母さん情けないわ。今からここに三〇回書いて、覚えてしまいなさい」

なーんて、漢字ドリルをさせられるんです。

そもそも、ケアレスミスなんてものは、子どもが自分から、「こんなもったいないミスはなくしたい」という意志を持たないかぎり、なくならないんです。では、どんなやりとりをすればよかったんでしょうか。

「今日のテスト、九五点やってん」

「すごーい。よう、そんな点数取れるなぁ。お母さんなんか、そんないい点、取ったことなんかなかったわぁ」

「でも、この漢字、度忘れしたのよ〜」

「そりゃ、人間やもん。忘れもするわ。お母さんなんか、しょっちゅう忘れていることばっかりよ」
「でも、これをテストで思い出していたら、一〇〇点取れていたのよ」
「たった一問の度忘れをくやしいと思えるところが、由理のえらいところよ。お母さんとはちがうなぁ」

このやりとりは一例にすぎませんが、一般的に、人は現状を肯定《こうてい》されたほうが、自然と意欲がわいてくるものです。もちろん、どのように声をかけると、子どもに意欲が出てくるかは、子どもたち一人ひとりの性格も大きく関係します。ですから、やりとりを楽しむつもりで試行錯誤《さくご》すればいいのです。

どんな言葉をかけてあげると、子ども自身が「こうしてみよう」という意志を持ちやすくなるのか、〈子どもの心に残る気持ち〉をイメージしながら、遊び心でやりとりすると楽しめますよ。

「意識」が変われば、「行動」が変わる

字が乱雑で、自分で自分の数字を見まちがって、ペケが多くなる子っていますよね。こういう子に、「ていねいに書きなさい！」ってさけんでも、まず効果は出ません。こんな場合も、わたしは〈因果関係コミュニケーション〉をつかいます。

「どうしてこんなにペケがあったの？」
「字がきたなかったから」
「そうだねぇ、これからどうしたらいいと思う？」
「ていねいに書く」

ここで、「そう。今度からは、ちゃんとていねいに書くのよ」でおわらず、さらに聞きます。

「ていねいに書くには、どんなことに気をつけたらいいと思う？」

こういう質問にはなれていませんから、子どもたちはたいてい、考えこみます。考えても、何も出てこない場合は、ちょっと示唆《しさ》をあたえるようにしています。数は少

なくてもきれいに書けている字をさがし、きたない字を比較して、「何がちがう?」と。

「字の大きさがちがう」

「そうだね。あと、字の濃《こ》さはどう?」

「きれいな字のほうが濃い」

「すごい。どんどん出てくるね。じゃぁ、明日から、何を意識して書く?」

「字を小さくして、濃く書くようにする」

　そして、実際にていねいに書けた場合は、思いっきりほめます。さらに、すかさず、〈因果関係コミュニケーション〉をします。

「どうして、今日はどうして、こんなにマルばっかりなの?」

「字を小さく、濃く書こうと思った」

「こないだの目標を覚えていたなんてえらいなぁ。なるほどね。目標通り、小さく、濃く書こうと意識したら、こんなに一〇〇点ばかりになったんだね」

　最後の言葉は、もう、お分かりの通り、〈オウム返しコミュニケーション〉です。

人はみんな、「意識」するようにさえなれば、「行動」が変わりはじめます。それは、わ

たしたち大人もいっしょです。さらに、自分の頭で因果関係を考えたり、人から〈価値づけ〉されたとき、人はふだん以上に「意識」できるようになりやすいのです。

「子どもの心に何が残るか」をイメージしてやりとりする日を、たまにでもいいので、ふやしてみてくださいね。

おまえ 読むの上手だな！
感動したぞ！
えへへ
まあね♪
じつはちょっと自信
あったりして…
パチ
パチ

第六章
「想い」があればだいじょうぶ!

第五章では、子どもの意志や心を育てていくための、家庭ですぐにできるやりとりや、子育てが今日から変わる実践法についてお伝えしてまいりました。

しかし、「ある方法を取りいれたら、その日をさかいに、すべてがうまくいきました」となるほど、人を育てるというのは単純なものではありません。何といっても、「子どもの心」や「自分自身の心」という、常にゆれ動く「人の心」を相手にしなければなりませんからね。「こうすれば、こうなる」といった方程式はないわけです。だからこそ、物事のとらえ方、考え方が大切だと感じています。

この章では、こうとらえると、「子育てが楽しいものになる」「気持ちが楽になる」といった考え方をまとめました。

親は裏切られてナンボ！

子どもと「決めた時間に宿題に取りかかる」など、目標を共有していても、すぐにうまくいくわけではなく、たいていは裏切られるものです。

そんなとき、「こないだ、こうすると自分で目標を決めたのに、結局、何も達成できてないじゃないの！」と、〈結果〉でおこるのは逆効果です。

「目標を立てても、その通りできなかったらおこられるのであれば、目標なんか立てないほうがましや」と思うようになるのが人情ではないでしょうか。

そもそも目標を意識しつづけることは、そんなにかんたんなことではないのです。ふつう、人はそれほど自分の決めた目標を覚えていないものです。正月に初詣《はつもう》でをして、「今年はこうしよう」と決めても、二週間もしないうちに忘れてしまっている人がほとんどではないでしょうか。ちゃんと覚えていて、実践している人はりっぱな人だと思います。

ある著名な財界人の経営講話にこんな話がありました。

「ある日の役員会で、役員が社長の前で今年度の目標を発表したとしますわなぁ。一か月ぐらいしたとき、『あんたのとこの目標、何やったかなぁ』と、わざと聞いてみるんです。

そうしたら、『えーと、えーと、今、ちょっと書類がないんで……』と口をにごす役員がほとんどですよ。書類を見ないと言えないような目標をだれが達成できますか！」

つまり大人でも、いえ、大会社の役員ですらこうですから、よほど意識して決め、それを実現したいと本人自身が心底《しんそこ》思ってないかぎり、ふつうは、目標そのものを忘れてしまうものなのです。まして、子どもなら、言わずもがなです。

社長が企業におけるリーダーなら、家庭におけるリーダーは親御さんです。

子どもが目標を立てたとき、リーダーである親にとって大切なことは、「その目標にこだわってみよう」という子どもの意志を育むチャレンジをすることです。

ぐんぐん伸びていく子と、ふつうの子とのちがいに、「目標へのこだわりの差」があります。いえ、これは子どもだけじゃありません。大人でも、実績を出す人と、そうでない人とのちがいには、「目標、あるいは自分のビジョンに対するこだわりの差」があるのです。

ですからわたしは、子どもと話すとき、「こないだ立てた目標は何だった？」と聞いて、子どもが「字をていねいに書くこと」などと即答したら、目標通りの実践ができていなくても、「えらいなぁ。ちゃんと目標を覚えていたのかぁ」とほめることを意識しています。

こうほめられることで、子どもは、目標を意識することにまた一歩近づきます。

そもそも、子どもと何がしかの約束をしたり、目標を決めたりしても、そのことを真っ先に忘れるのは、わたしたち大人のほうです。それなのに、何かのときにふっと思い出した大人が、「そういえば、あの目標はどうなってるの？」と、とつぜん子どもを責めだすんです（笑）。それで子どもが何もしていなかったら、「こないだ、目標を立てたばかりでしょ」とおこりだす。

でも、冷静に考えれば、子どもが目標を忘れているのは、ほかならぬ、わたしたち大人

大人は気まぐれ

食事中
そういえばさ！ あの目標…
うぐっ
どうなってるのよ！ やってないじゃない
あ…あれ 忘れてた…
やべ
食欲も失せ…
だいたいネ あんたって子は…
また始まった…
ほんとにもう
自分だって忘れてたくせに…
思い出したときに おこるのやめてよね

がこだわっていなかった証《あかし》……と言えるのです。

わたしも、同じ流れで無意識に子どもを責めてしまうことがよくあります。そして、責めはじめてまもなく、「そうや。目標を忘れていたのは、子どもじゃなく、わたし自身だった」と反省することが、恥ずかしながら、まだあります。ですから、自戒をこめて書いています。目標を子どもにこだわらせたければ、まず自分自身がこだわるべきだと。

一方、こちらが目標を忘れず、こだわってやりとりしているのに、子ども自身がきちんと実践できていなかったということもあるでしょう。人間ですから、それはそれでいいんです。勇気を持って、できなかったことには目をつぶるのです。

リーダーは裏切られてナンボです。

裏切られても、裏切られても、それをただ責めるのではなく、「わが子が、いつかは目標を持って自分から取りくむような子になってほしい」と祈るような気持ちで目標を意識させるコミュニケーションをくり返すのです。

「わが子が将来、どういう大人になってほしいか」という「子育てビジョン」に近づけたいと祈るような気持ちを持っていれば、子どもを認め、ほめるタイミングは、だんだんのがさなくなってきます。

この祈るような気持ちは、まさに愛です。ですから、いつか必ず通じるのです。

こんなふうに言うと、「そんなあまいことでいいんですか？」と思われるお母さんもおられるかもしれません。

そんなときは、わたしたち自身のことをふり返ってみてください。

たとえば、「感情的におこったりせず、毎日、子どものよいところを見つけてほめる」という一点だけ取っても、わたしたちはそれをまともにできているでしょうか。できている人ばかりではないはずです。だから、悪いというわけではありません。よほど意志が強く、感情をコントロールできる人でないかぎり、そうそう立てた目標をすぐできるようにはならないんです。


だからこそわたしは、教室の子どもたちや親御さんはもちろんのこと、わが子や自分自身に対しても、〈心の成長を喜ぶ視点〉で見ることを心がけています。そんなふうに「意識」していれば、子どもが目標を覚えていなかったことも、子どもが目標に向けてがんばると言っていながら、途中で挫折《ざせつ》したことも、すべて受けいれられるようになってきます。そうやって、「共育」でともに育てあいっこしていけるところが、子育てのすばらしいところではないでしょうか。

子育ての失敗談は笑いとばしてストレス解消！

「あのときのこの言葉が、うちの子の意欲をなくさせたのよ」といった調子で、仲のいいお母さんどうしで笑いあうことって、子育てを楽しむうえですごく大切なんですよ。以前、お母さん方といっしょに大笑いしたエピソードでこんなのがあります。


学校から帰ってすぐに遊びに行こうとするわが子に、あるお母さんが、

「学校の宿題ぐらいは、やってから行きなさい。算数だったら二〇分もあればできるでしょ！」と声をかけました。

「早く、友だちと遊びに行きたい」と思った子どもは、いつにもまして集中して取りくみ、わずか六分で学校の算数の宿題をおえました。

「できたぁ！　たった六分でぜんぶできたぁ」

「すごいじゃない。たった六分なんて！　じゃ、国語の宿題もやっとこうよ。これもやっ

てから遊びに行ったらバッチリやん。だって、まだ六分しかたってないねんし……」

「えっ？」

……約束がちがうやんか。何がバッチリやねん。算数の宿題ができたら、遊びに行っていいって言ってたのに。お母さん、うそつきや。こんなことやったら、必死になってやるんじゃなかった……。

きっと、子どもの心のなかではこんな感じでしょうね。

結果、子どもは一気にやる気を失い、だらだら状態に。おまけに、集中力を失ったため、かんたんなミスを連発。そこに、母親のとどめの一言。

「こんなかんたんな問題でまちがってばっかりで何してんの！　シャキッとしなさい。集中してなかったら、いつまでたっても、遊びに行けないわよ！」

子どもにとったら、ほんと、「だれのせいやねん！」って感じでしょうね（笑）。

でも、お母さんの気持ちもわかります。いつになく速くおわった。こんなに集中しているんだったら、ついでに国語の宿題もすませておいたほうが、子どもも思いのこすことなく遊びに行けるんだから、そっちのほうがぜったいいいはず。そう思って、ついつい欲ばってしまう。

ところが、このことが、「一所懸命やらんほうがましや」という〈最悪の意志〉をわが子に育んでしまうことになるのです（笑）。

つい、欲が出てしまう。これは、親ならばだれにもあることですね。しかし、わが子の意志や心を育んでいくためには、子どもが最初に決めたことをやり通せたなら、思い通りにさせてあげることが大切なのです。

子育て中のこういう失敗なんて、いくらでもありますよね。でも、失敗を暗くなげくのではなく、お母さんどうしで笑いとばすぐらいのほうが、子育てを楽しめるのです。それに失敗談を笑いあえば、どうすればよかったのかも、素直に学びあえますからね。気心の知れたお友だちと気楽に話しあうだけでも、子育てのストレスもかなり解消されますよ。

あるとき、お母さん方に集まってもらい、座談会をしました。わたしの教室での座談会は、第二章でものべた〈気楽で真面目な雑談〉です。そのとき、話しはじめのテーマとして、「子どものやる気を失わせた一言」というので始めたのですが、冒頭からものすごくもり上がりました。

お母さんA「何でこれが分からへんの！　何なん、それ。あんた、お母さんにけんか売ってんの（怒）」

お母さんB「前日、娘と大げんかして、とことんおこって泣かせたんですね。翌朝、娘の様子を見たら、すごくしずんでいるように見えるので、『あぁ、わたしが昨日、おこりすぎたからやわ』と思い、『昨日はごめんね』とこっちからあやまったんです。なのに、娘がわたしを『ふん』と冷たく無視したんです。そのとたん、『あんた、その態度は何なん！』から始まり、再び大げんかですわぁ（笑）」

そうしたら、また、中高生をふくめた四兄弟のお母さんが、

お母さんC「ほんと、思春期の子はややこしいですよぉ。『今、クラブでどうなん？』と、こっちが気をつかって聞いたら、『別に何もないわ。うざいんじゃぁ』と言ってくるんです。それで、ややこしいので、その子のことはそっとしていると、今度は『おれのことは無視かいい』ってからんでくるんですよ」と。

すると、ほかの思春期の子を持つお母さんたちも、「そうそう、ほんと、どうしろって言うのよねぇ」と、またまた、思春期の子の取りあつかいの話でもりあがったのです。

この話を聞いて、わたしの頭に真っ先にうかんだのは、何か商品を買いに行ったときの、お客さんと店員さんの関係でした。それで、こんな話をしました。

「まだ、買おうかどうしようかまよっているときに、『お買いもとめですか』と手もみしながらよってこられると、心のなかでは、まだ決めてないのに……。うっとうしいなぁと思いますよね。

ところが、いよいよ、どちらかの製品を買おうと思った。でも、この商品ととなりの商品は、いったい、何がちがうのかな。店員さんに聞いてみよう。そう思って、周囲を見わたしたら、だれもいない。『さっきまで、そこにいたのに、なぜ、ここいちばん大事なときにいないんや。客が今まさに、買おうとしている心の機微がわからんか！』と思うんです（笑）。

人間とは勝手なものです。まさに、さっきの高校生の『うざいんじゃぁ』と『おれのことは無視かよ』というのと同じかもしれませんよ」と。

お母さん方は、「たしかにそうよねぇ。わたしたちも、すごく勝手やもんねぇ。子どもだけが勝手なんじゃないわよね。要するに、子どもたちは、自分に声をかけてほしいときだけ、声をかけてくれってことでしょ。でも、実際問題、そんな子どもの気持ちをいちいち気にして子育てなんてしてられないわよ。無理、無理」と、みんなで大笑いになりました。

とはいうものの、できるかどうかは別として、自分も子ども同様、そういう勝手な心を持っているものだと思えただけで、この雑談は大きな学びになったと思うのです。

何より、こういう失敗談を笑いとばせるようになれば、子育てが楽しくなるのではないでしょうか。

家庭のリーダーの心得

人が努力したくなるのは、どんなとき？

くり返しになりますが、社長が企業を率いるリーダーならば、親御さんは、家庭のリーダーです。リーダーなんて、そんなたいそうなことを言われても……と思われるかもしれませんが、わたしから見ると、企業も家庭も似ているところがすごく多いのです。両方とも、一つのチームですからね。

わたしには、子どもの悪いところばかりをさがしてはなげいている親御さんと、部下の悪いところばかりをなげいている上司はだぶります。一方で、子どものやる気を高めるやりとりをする親御さんと、部下の意欲を高める上司もだぶります。

立場が強いのも上司と親御さんの共通項ですし、また、立場が強いからこそ、相手の意志をどう育むかよりも、つい、指示・命令ばかりしてしまうところも似かよっているのではないでしょうか。

そして、単なる指示・命令のみの場合、立場上弱い相手が「はい」と素直に言っていても、本人が意志を持っていないかぎり、その通りには行動しません。だからこそ、上司も親御さんも、どうすれば、相手が意志、意欲を持って取りくんでくれるか悩むわけです。こんなふうに、いろんなところが、両者は似かよっていると思うのです。

さて、企業が売り上げを上げるのは、「社会に価値を創造するための手段」といえます。しかし、〈売り上げ至上主義〉〈結果主義〉の社長のもとにいると、だんだん、売り上げという実績を出すという手段が目的化していくのです。「数字で責められること」も常態化していきます。その結果、社員には、「結果さえ出れば何したってええんやな」という考え方が浸透《しんとう》していくのです。こういう意識が、企業の不祥事《ふしょうじ》につながってしまうことって、たくさんあるのではないでしょうか。

もちろん、実績を出すことはものすごく大切です。実績が出ないということは、努力のベクトルがぶれているか、努力そのものが足りていないからだと思います。

しかし、「この企業が何のために存在し、売り上げを上げることが社会にどう貢献《こうけん》するのか」といったことを、リーダーである社長が社員に語りつづけなければ、社員の心に

「よし。世の中のためにも、自分の人生のためにも、ひとつ、全力をつくしてみよう」という意志や心が育っていかないのです。手段が目的化してしまった企業では、永続的な強さは出てきません。

「この仕事は、たくさんの人を笑顔にできる、ほこり高き仕事だ」

社員一人ひとりが、素直にそう思えるようになったら、みんな意気に感じて、「あらゆる人や本から学び、自分の力を最大限発揮したい！」と努力するようになっていきます。

こういう社員一人ひとりの意志が、それぞれの成長を加速し、そして社員の成長の総和が実績につながっていってこそ、企業本来のあるべき姿だと思うのです。

子育ても同じではないでしょうか。親子で子育てビジョンを持って、それに向かっていくからこそ、〈成長を喜ぶ視点〉で自分たちの小さな成長が見ることができます。だからこそ楽しめるし、親子とも「こうありたい」と思ってそれぞれに努力するので、可能性も花開いていくのです。そんな子育てをしたいですよね。

「そうはいうけど、まず目先の売り上げを上げなかったら、倒産するじゃないか」

「そんな高邁《こうまい》な理想論の前に、売り上げを上げてから〈もの〉を言え」

おっしゃる通りです。ただ、「何のために」が心のなかに明確にあって努力をした場合、人には「何が何でもこうしたい」という情熱がねばりを生み、本人も周囲もびっくりするほどの実績につながったりするのも事実なのです。

さらに、一人の力だけではなく、チーム一丸《いちがん》となったとき、一人ひとりの力が「たし算」ではなく、「かけ算」になっていきます。そんなふうに、みんなの叡智《えいち》が集まったとき、NHKの「プロジェクトX」にあるような、感動ドラマ、奇跡のようなドラマが起きると思うのです。

たとえば、ホンダCVCCエンジンの開発物語では、ホンダの創始者・本田宗一郎さんが「このエンジンを開発したら、わたしたちは世界のトップ3に入れる」と演説したことに対し、当時の若者たちが「わたしたちは、世界のトップ3に入りたくて、不眠不休でがんばっているのではない。子どもたちに、青空を残してあげたいから、排気ガスの有害物質を十分の一にできる、環境にやさしいCVCCエンジンを開発したいのです」と、カリスマ・本田宗一郎さんに対して反論したそうです。

そして、まだ、自動車メーカーとしては小さな企業にすぎなかったホンダが、世界で初めて、有害物質を十分の一以下におさえるCVCCエンジンを開発します。

本田宗一郎さんは、ＣＶＣＣエンジン開発後、自分の言った言葉を恥じ、「幸い、わが社にはすばらしい若者が育ってきている」とおっしゃり、退任されます。こういうところがまた、社員からも、世の中の人々からもしたわれる、人間・本田宗一郎の魅力なんでしょうね。光化学スモッグで子どもがたおれることが多かったこの時代、子どもたちのために、青空を残してやりたい、そういうホンダの社員のみなさんの思いやりの心、利他の心にもとづく夢や目標に対するこだわりが、個人の人、チームの力を最大限に発揮させたのです。

結果主義、点数主義ではほんとうの意志は芽ばえない

とはいうものの、一般的には、目先の実績を追いもとめる〈結果主義〉になりがちです。しかし、「何のためか」を聞かされたこともなく、ただ単に結果だけを求められても、人のやる気は芽ばえません。

親御さんだって、毎日、親としての点数をつけられ、「まだ、こんなこともできてないのか」と責められて、それでも意欲的になれる人は、ごく一部ではないでしょうか。

この結果主義……、これを子どもに強いてしまっている親御さんは、かなり多いと思うんです。

「成績が上がってほしい！」

親御さんなら、そう思って当然です。いや、企業の売り上げとちがって、別に高い点数まで取らなくても、平均点ぐらいは取れるように勉強してほしい。これが多くのお母さんのねがいかもしれません。でも、だからこそ、

「人に喜んでもらえるような大人になれたらうれしいよね。幸せな人生を送る秘訣《ひけつ》だもの。そうなるために大切なのは、だれからでも何からでも、学びつづける姿勢を身につけることなのよ。だから、子ども時代に毎日学ぶことは、自分の人生を幸せにするための土台になるの」

といった、「何のために学ぶのか」を、ご両親が自分の言葉で子どもたちに語ることが大切なのです。

もちろん、しゃべる内容に正解などありません。「何のために学ぶのか」を、親が自分の言葉で一所懸命に語る姿が、子どもたちによい影響をあたえるのです。

ただし、子どもたちに語る前に、自分自身の心のなかで、「それは何のために？」を五回ぐらい重ねて自問自答していくといいですよ。

たとえば、「勉強は何のためにするの？」と聞かれて、「いい学校に入学するため」と反射的に出てくる人ならば、「いい学校に入学させたいのは、何のため？」といった感じで、自分の答えに「それは何のために？」の質問を何度も重ねていくのです。

そうやって、最低五回は「それは何のために？」をくり返していくと、必ず、〈本質的な考え〉が自分のなかで整理されます。それを子どもに語るのです。

自分の子どもにそんなことを話しても、分からないんじゃないかと心配されるお母さんもおられるかもしれません。今理解できるかどうかは、気にしなくていいのです。こういう本質的なことを伝えつづけていくなかで、子どもなりに考えるようになっていくのです。

「な・ん・の・た・め・に？」は魔法の六文字

手段が目的化する状態は、小学校へ行くまでにひらがなを覚えてほしいとねがうお母さんも、つい無意識でやってしまいがちです。

たとえば、『ひらがなカード』でひらがなを覚えてもらおうとしている幼児のお母さん。

まだ、一文字も覚えていないときのほうが、聖母マリアのような感じで、すごくやさしいんです。

「これは、ねこの〈ね〉よ。猫ちゃんのしっぽみたいに、くるっと回っているでしょう」と。ところが、子どもがひらがなを二〇文字も覚えるようになってくると、やさしかったはずのお母さんの顔が、だんだんこわくなってきます。成果が見えはじめると、欲が出てしまうのは、親としてはふつうの感情なのですが、この親の想いが空《から》まわりしてしまうことが往々にしてあるんですね。

「(カードの裏側の、文字だけが書いてあるほうを見せながら)涼くーん、この字、何だったかなぁ? ママ、おこってないのよ〜。昨日は、言えたよね〜」

やさしい口調のなかの、「覚えているよねぇ」という母親の暗黙のプレッシャーを敏感に感じとった幼児は、母親が『ひらがなカード』を出しただけで、にげていきます。

猫の絵とともに、「ねこ」と書いてあるカードの表側を見せてあげればいいのに、わが子の読める字がふえてくると、子どもの状況にかかわらず、お母さんのほとんどが、文字だけしか書いていない裏側を見せるようになっていきます。

ママおこってないのよ〜〜

「お母さん、絵が描いてある表側を見せてあげていいんですよ」
「いえ、この子、表だったら読んでないんです。絵を見ているだけですから……」

このお母さんの気持ちは、よく分かるんです。子どもに覚えてほしいし、成果が出はじめたがゆえに、つい、熱が入ってしまうんです。わたしも意識していないと、やってしまうことがあります。

でも、子どもは、たぶん、こんなふうに感じます。

「何か分からないけど、いつもやさしいママが、カードのときになったらこわくなる」

そう思うもんですから、カードを見たらにげだしたくなります。

子どもにこういう症状がおきるのは、たいてい、「ひらがなを覚えさせることが目的化」してしまったときです。〈評価する視点〉で子どもを見てしまっているのです。

ところで、すべての幼児が大好きなカードに『ことわざカード』があります。「月とすっぽーん」などのことわざは、言葉のリズムもいいし、幼児にとってもインパクトがある絵がらなので親しみやすいのですが、それだけじゃないのです。

お母さんの潜在《せんざい》意識のなかでは、ことわざは、ひらがなとちがって、極論すれば、「覚えようが覚えまいが、どっちでもいい」と感じているんじゃないでしょうか。そんな気軽さのなかでカードを見ているので、子どもにとって楽しい時間になり、結果としてすぐに覚えてしまうのです。

ひらがななど、見た回数が多ければ多いほど、覚えるものです。お母さんが遊び感覚で楽しくカードをつかっていれば、子どもはカードを見おわったあとも、カードを上にかざして、表や裏を見たりすることが多くなります。そして、そんなふうに遊び感覚で見ていたカードを先に覚えてしまうものなのです。

ですから、お母さん方には、「何としてでも覚えてほしいと思わなければ、ことわざ同様、ひらがなも早く覚えたりしますよ」と笑いながらお伝えすることがよくあるんですが、これがなかなかむずかしい。**というのは、「ひらがなを覚えてほしい」というのは、いつわらざる親のねがいだからです。そんなときに役立つのが、「な・ん・の・た・め・に」という自分自身への問いかけです。**

そもそも、ひらがなは、何のために読めるようになってほしいのでしょうか。

「小学校へ入学後、楽しく授業を受けられるようになってほしい」

「多くの本と出会って、情緒豊かに育ってほしい」

「本をたくさん読めるようになって、考える力を持つ子になってほしい」

「本好きになって、大人になって以降も、学びつづけ、成長しつづける子になってほしい」

第三章でものべた、お母さん方の「こんな子に育てたい」という〈子育てビジョン〉にもとづいた、いろんな「な・ん・の・た・め・に」があると思うんです。

「な・ん・の・た・め・に」を考えたら、ひらがなを読めるようになることは、自らの

〈子育てビジョン〉に近づけるためのツールであって、目的じゃないはずです。

しかし、よほど意識していないと、すぐ「手段が目的化」してしまうのも人間です。前述したような失敗は、頭で分かっていても、くり返してしまうことが、わたし自身よくあります。ですから、みなさんにお伝えしていることは、わたしが自分に言い聞かせていることでもあるのです。

「それは何のために?」という自分への問いかけは、「軸《じく》」がぶれそうになったときに、物事の本質にもどしてくれるだけではなく、いつでも、〈評価する視点〉から〈成長を喜ぶ視点〉へと転換させてくれます。

「な・ん・の・た・め・に?」

一瞬にしてわたしたちを物事の本質にもどしてくれるこの六文字は、いわば「魔法の六文字」だと感じています。ぜひ、みなさんの合言葉にしてみられてはいかがでしょうか。

「親の想い」はいつか必ず伝わる

子どもが生まれる前というのは、「元気に生まれてきてさえくれたらいい。それ以外は何も望まないわ」と思いますよね。それがいつのまにか、できることはすべて当たり前。できないことをさがしては責めるようになってしまう……。

そんなある日、子どもが病気で入院すると、「勉強なんかできなくてもいい。とにかく、元気でいてさえくれれば！」と、わが子が生まれる前と同じようにねがうんですね。ところが、退院して三日もたたないうちに忘れたりする。これが、わたしもふくめたごくふつうの人間ではないでしょうか。だからこそわたしは、「感謝する気持ちを持とうと意識すること」が大切だと思っています。

「ありがとう（ございます）。感謝します」

この言葉を、わたしは毎日、あらゆる人、あらゆる出来事を心に思いうかべながら、何百回ととなえています。いやだなと感じることがあっても、その瞬間に「ありがとう。感謝します」と声に出して言うように心がけています。自分で感謝の言葉を声に出していると、自分の耳が聞いていますよね。それが何よりいいのです。自分のとなえる「ありがとう。感謝します」を何度も聞いていると、感謝の気持ちがどんどん心のなかで育ってくるように思います。

「生まれてきてくれて、ありがとう」「元気でいてくれて、ありがとう」子育ての場合、すべてはここから始まると思います。

日常のなかでは、つい忘れてしまいがちなこの気持ち。わが子の反抗に、「親を何だと思ってるの！」と思うことがあっても、夜寝る前にでも、「生まれてきてくれてありがとう」「元気でいてくれてありがとう」と声に出して言うようにしていれば、これもまた、自分の耳が聞いています。そうすると、わたしたち親の心の奥底に眠りがちなピュアな気持ちが表面にあらわれてくるのです。

今、わが子が目の前にいることを感謝することから始めたら、どんなわずかな変化でも、「成長した！」と心から喜べます。〈成長を喜ぶ視点〉ですね。

そうやって、喜んでいたら、もっともっと「ああしてみよう」「こうしてみたい」という意志や心が子どもに育っていき、どんどん好循環《こうじゅんかん》に回っていくのです。

それから、子どもたちには、お父さんやお母さんの「大切にしている想い」や「夢」など、何でもいいので、何度でも話してあげてください。

わたしの父は、わたしが幼いころ、お風呂でよく、こんな話をしてくれました。洗面器に入れたお湯を手前にかき、流れてきたお湯が、やがて、壁面を伝って向こう側に流れていくのを見せながら、

「トクヒロ、よく見てごらん。自分のほうへとかけばかくほど、お湯は反対のほうへにげていくだろう。反対に、お湯を向こうへ向こうへとおすとどうだ？　お湯は回りまわって、自分のほうへともどってくるだろう。人さまのためになるような行動をしていると、結局は、自分に返ってくるんだよ」と。

もちろん、こんな話をしたからといって、幼いわたしに分かるはずもありません。「お湯の動きっておもしろいなぁ」程度のものです。

でも、幼いころから言われつづけた言葉の真意を、一〇年、二〇年たってからかみしめた経験って、だれしもありますよね。わたし自身、社会人になってから、父に言われつづけた言葉の意味を考えるようになりました。

ですから、「うちの子に一回話したけど、ぜんぜん聞いてなかったわ」とか、「この子は

まだ小さいから、言っても分かりっこないわ」などと、思う必要はないんです。そのときには理解できなくても、「壁に向かって念仏」で話しつづければいいのです。

そうやって、伝えつづけた親の「想い」は、いつか必ず子どもに伝わる。わたしはそのことを、身を持って感じています。そして、これこそが教育のすばらしいところではないでしょうか。

人は思い立ったときから「新しい自分」に生まれ変わることができる

以前、鍵山秀三郎*先生（イエローハット相談役）とお話しさせていただいたことがありました。鍵山先生は、掃除を通して日本人の心を美しくしたいとすばらしい実践をされている方です。なかでも、「トイレ掃除」は有名で、鍵山先生をしたって掃除の活動をなさる方が全国、海外にまで多数いらっしゃいます。

鍵山先生は微笑《ほほえ》みながら、こんな話をしてくださいました。

鍵山秀三郎（かぎやまひでさぶろう）：昭和８（1933）年東京都生まれ。イエローハット相談役、「日本を美しくする会」相談役。自転車での訪問販売から始まった同社を大企業に育て、平成１０年相談役に就任。　創業以来自ら続けている掃除に多くの人が共鳴し、近年は掃除運動が内外に広がっている。

「楽に見える道を歩んでいるとき、それは危険な道を歩んでいることにつながるんです。なんでわたしはこんなに苦労しなきゃいけないんだ、と思っているときが、実はもっとも安全な道を歩んでいるときなんです。それは、いろんな会社の状況を見ていると分かります。効率経営というのがありますね。売り上げを上げることだけが目的で、効率ばかりを重視する。でも、自分のところの欲得だけを考えた経営は、今がよくても必ず転落するものです。たくさんの企業を見てきましたが、すべてそうでした。ですから、この手の企業は、今、どんどん利益が上がっているようでも、それは、転落するためにのぼっているようなものですね」

「悩まなくなった時点でリーダー失格、母親失格、父親失格なんですよ」

「どれほどりっぱな提案書でも企画書でも、〈実践〉のないものは何の価値も生み出しません。〈実践〉して初めて価値が創造されるのです。とくに、教育は、〈実践〉がなければ意味がありませんね」

深い言葉だなぁと思いました。

子育てにおいて、「なんでわたしはこんなに苦労しなきゃいけないんだ」と思っている場合も、鍵山先生のお言葉を借りれば、いちばん安全な道を歩んでいると言えるのではな

いでしょうか。

成績さえよければいい、いい学校に入学さえしてくれればいい。「な・ん・の・た・め・に」の軸がぶれた、この発想で子育てしていくことは、売り上げ至上主義の会社同様、転落するためにのぼっていると言いかえることができるかもしれません。

それから、「悩まなくなった時点で親失格」というのは、ほんとうにその通りだと思います。人を育てるというのは、悩んで当たり前。それぐらい、むずかしいのです。

人はみんな、赤ちゃんのときから「意志」を持っています。何歳になっても、その日によってゆれ動く「心」を持っています。ですから、機械のようにスイッチをおしたらこう動く……とはいかないのです。だからこそわたしは、悩んでいる親御さんを見ると安心します。わが子をしっかりと育てていくために、真剣に悩んでいる親御さんのもとに育った子どもは、ぜったいに悪くはなりません。

人は、「今から」「ここから」思い立ったときから、新しい自分に生まれ変わることができます。それは子育ても同じです。

ここまで読みおえられたときに、「今日からは、こうしてみよう」と具体的に思われたことが一つでもあったとしたら、新しい自分に出会われている証拠です。そんなことがあったなら、ぜひ実践してみてください。鍵山先生がおっしゃっているように、教育では、実践して初めて価値が創造されるのです。

人の心はゆれ動いて当たり前。ですからみなさんが、「昨日、新しい自分になったはずだったのに、また、感情的になって子どもをおこってしまった……」となっても、落ちこむことなどありません。そう反省したときから、再び、生まれ変わればいいのです。そうやって、日々反省を続け、昨日よりも今日、今日よりも明日と、自らの心を高めよう、成長しようとするわたしたち大人の姿こそが、子どもによい影響をおよぼすのです。

メジャーリーグで大活躍をしているイチロー選手が、あるピッチャーとの対戦で何試合もヒットを打てず、おさえこまれていました。そのことについて、あるインタビュアーが「あのピッチャーは苦手ですか?」と聞いたそうです。その問いに対してのイチロー選手の答えは、こうでした。

「いいえ、そうではありません。彼は、自分の可能性を引きだしてくれるすばらしいピッチャーです。だから、自分も力をみがいて、彼の可能性を引きだささせるバッターになりたいですね」

ほんとうにすばらしいコメントだと思います。こんな言葉をさらっと言える自分になりたいですが、わたしはまだまだです。ただ、このコメントは、イチロー選手が自分に対しても相手に対しても、どれほど〈成長すること〉を大切にしているかを物語っています。

成長することは、人生においてすばらしい喜びをもたらします。いや、人生の喜びは成長そのものと言えるのではないでしょうか。

そして、人は夢や目標に向かってチャレンジしたとき、大きく成長します。夢や目標を実現しようとすれば、イチロー選手同様、必ず〈困難〉にぶち当たりますからね。それを乗りこえようと努力したとき、人の意志や心が大きく成長するのです。

このことは、子育てもいっしょです。子育ての場合、わが子といえども、まったく自分の思い通りにならないという〈困難〉にぶつかりつづけますよね。しかし、わたしたちはそういうことを通して、ほんとうの意味で親になっていくのです。

子どものことでこまったり、悩んだりしたら、

「成長させてくれて、ありがとう」

ちょっぴり茶化してでも、こんなふうに心のなかでつぶやいてみてはいかがでしょうか。

わたしは教室の子どもたちや親御さんに対しても、わが子に対しても、こまったり、悩んだりしたときには、そう思うよう心がけています。

一人ひとりが、育児を通して、仕事を通して、いや、趣味などありとあらゆるものを通して、自らの心を高めることを意識するだけで、人は人間的に大きく成長していきます。人間的な成長、心の成長が永続的に続いてこそ、一人ひとりが充実した人生を送れます。そして、親と子がおたがいの成長を認めあえるようになれば、どれほどすばらしい親子関係になることでしょうか。

子育てをすることは、すばらしく崇高《すうこう》な大事業です。あえて事業と言わせていただきます。事業とは、前にものべた通り、〈世の中に価値を創造すること〉ですからね。

そういう観点で見れば、子育てほど、世の中に大きな価値を創造できる事業など、ほかにないのではないでしょうか。一人の子どもを世の中に貢献できるりっぱな社会人に育て

ることは、もうそれだけですばらしい社会貢献なのです。

そうはいっても、責任を持って人を育てるというのは悩みがつきものです。苦しくってたまらないこともあるでしょう。

だからこそ、悩みを超《こ》えて、子どもといっしょに成長していく喜びを一人でも多くの親御さんが子育てのなかで少しずつでも実感され、そのことで子どもたちとご家庭が幸せに近づくことをねがってやみません。そして、そうなっていく秘訣が〈成長を喜ぶ視点〉にある。わたしはそう確信しています。

あとがき

今、子どもを取りまく環境は日に日に悪くなっています。そんななか、何か問題が起きるたびに、家庭が悪い、母親のしつけがなっていないなど、お母さんを責める声が聞こえてきます。

たしかに、自分たちの権利ばかりを主張し、自分さえよければよいといった親御さんがふえているのも、まぎれもない事実です。ですから、今の親御さんのことを責める方々の気持ちもよく分かっているつもりです。とはいうものの、「今のお母さんは」と一括《ひとくく》りにされると、反発する気持ちも芽ばえるのです。「そんなお母さんばかりじゃない！」と。

あるハンディを背負《せお》った子のお母さんは、こうおっしゃいました。

「わたしが以前、仕事をしていたときには、収入を得るためだけに仕事をしていました。でも、この子と出会ったおかげで、ほんとうにやりたい仕事が出てきたんです。それが、今やっている介護の仕事です」

さらにお母さんは続けます。

「でもね、先生、わたしには子どもが四人いますけど、四番目のこの子と出会うまでは、『なぜ、こんなこともできないの！』と、子どもたちを責めてばかりいたんですよ。ですから、ひとつのことができるようになるのに時間のかかるこの子は、わたしを成長させるために生まれてきてくれたにちがいないと、今では思ってるんです」

これは一人のお母さんの言葉ですが、どのお母さんもみんな、子どもとともに懸命に生きておられます。そして、子どもから学び、いっしょに成長しておられます。だからこそわたしは、あえて声高《こわだか》にさけびたいのです。

「お母さんってすばらしい。お母さんはえらい」と。一〇〇〇組以上のお母さんと、一回に何時間も面談させていただいてきたなかで、心底《しんそこ》そう思うのです。

今は、共働きをされるご家庭が、以前とは比較にならないぐらいにふえてきました。そういうお母さんは、仕事のストレスもかかえながら主婦業をしておられます。夫が家事を分担してくれたり、あるいは、子育ての悩みをいっしょに考えてくれる場合は負担も軽減されますが、そうでない場合は、母親は仕事と家事、育児のストレスを、ひとりでためこむことになります。三度の食事に弁当づくり、食器洗いに掃除、洗濯、干し物、タンスにたたんでしまう……などなど、際限なくある「家事」が仕事の前後に待っています。これらに加えて「育児」もあるわけです。

かといって、専業主婦が楽だというわけでもありません。「あそこのご家庭は専業主婦なんだから、このぐらい見てあげなきゃかわいそうよね」とか、逆に「あそこは専業主婦だから、子どものことを見すぎなのよ。もう少し、ほうっておいてあげたらいいのに」など、世間から〈評価する視点〉で見られていると感じ、苦しんでおられるお母さんの話を、わたしはたくさん聞いてきました。仕事をしていないぶん「いいわけができない」と感じ、精神的に追いつめられてしまうお母さんも少なくありません。

いずれにせよ、子どもに夏休みがあろうと、父親に正月休みがあろうと、家事・育児に長期休暇はありません。ゆいいつお母さんがゆっくりできるのは、家族旅行へでも行ったときの「あげ膳《ぜん》、すえ膳」のときぐらいです。

一年間に国内で新たに生産された財・サービスの価値の合計を国内総生産、通称GDPといいますが、家事や育児は、こうした表向きのGDPにはあらわれていない、ひじょうに価値の高い労働であり、それがあってこそ、子どもは健全に育つのです。

本文中でものべましたが、「子育ては世の中に大きな価値を創造できる大事業」です。価値ある二〇年プロジェクトといってもいいでしょう。ほかに何もしていなくても、一人の子どもを世の中に貢献《こうけん》できるりっぱな社会人に育てることは、もうそれだけですばらしい社会貢献なのです。だからこそわたしは、お母さんをサポートしたい。そう思うのです。

こんな話をすると、よく、お母さん方からこう言われます。

「そんなことを分かってくれる父親って、世の中にどれくらいいるんでしょうか?」

この言葉に象徴されるように、これほど崇高《すうこう》な子育ての中心をになっておられながら、今も昔も、お母さんは、あまりにも世の中から認められていないのではないでしょうか。いやそれどころか、いつもだれかに評価され、かり立てられつづけているように感じます。〈評価する視点〉で自分を見られているという感覚は、子どもを〈評価する視点〉で見ることにつながります。「連鎖《れんさ》」するのです。この視点だと、親子ともおいつめられ、しんどくなっていきます。

一方、世の中のお母さんが、〈評価する視点〉から〈成長を喜ぶ視点〉へと視点を変えたならば、心は楽になり、おだやかな気持ちでわが子の成長も自分自身の成長も楽しむことができるようになります。〈成長を喜ぶ視点〉とは、本文中でものべた親馬鹿心です。

これはだれでも、今日からすぐに実行できます。なぜなら、心の片すみで「意識」するだけだからです。たったそれだけのことで、その日から親子関係、家庭の空気までが変わるのです。わたしはそのことを、たくさんのご家庭の変化から学ばせていただきました。

このことをお伝えすることで、子育てで悩まれる親御さんの気持ちが少しでも楽になってほしい。そんな切《せつ》なる想いから、〈成長を喜ぶ視点〉を軸としてこの本を書かせていただきました。

喜べば　喜びごとが喜んで　喜び集めて　喜びにくる

これは、わたし自身がことあるごとに聞かされた言葉です。

この言葉の通り、子育てにおいても、わが子の成長を、自分自身の成長を、〈成長を喜ぶ視点〉で喜んでいけば、喜びごとが喜んで、また、新たな喜びをわたしたちに運んできてくれると思っています。

この本が、子育てをしていくなかで、喜びごとを運んでくるきっかけになることをねがっています。

わたしを育ててくれた教室の子どもたち、そして親御さん方、ほんとうにありがとうございます。みなさんとの出会いのおかげで、わたしの人間としての幅も広げていくことができました。ただただ感謝の気持ちでいっぱいです。

この本に登場することを快諾《かいだく》してくださった親御さんに心から感謝しています。

原稿段階で率直な感想を教えてくださったお母さん方、ほんとうにありがとうございました。本音のご意見を教えていただけたことで、わたし自身の大きな学びにつながりました。

この本を執筆する過程で、はげましや示唆《しさ》に富んだアドバイスをくださった日本公文教育研究会の艮《うしとら》政典さん、田中仁美さんに心から感謝します。

そして、読みやすくわかりやすい編集校正へのアドバイスをくださった、くもん出版の長谷総明さん、ほんとうにありがとうございました。内容に一〇〇パーセント共感してくださる長谷さんが編集にたずさわってくださったことが、どれほど心強かったことでしょうか。

また、温かく執筆を見守ってくれた家族、朋子、桃子に心から感謝します。家族がいついかなるときでも、かげになりひなたになり応援しつづけてくれたことで、この本を完成させることができました。

最後に、わたしを育ててくれた両親には、感謝の想いはつきません。とくに、母がこの本の原稿を読んで、「トクヒロもここまで成長してくれました」と、亡き父に報告をして、ひとりで祝杯をあげたと聞いたとき、うれしくて胸がつまりました。

すべてのみなさまに幸多かれと、心よりお祈り申しあげます。

二〇〇七年　一〇月　自宅にて

木全　徳裕

木全徳裕（きまた とくひろ）

1966年兵庫県生まれ。大阪府立大学経済学部卒業。

1993年、公文教育研究会入社。

1994年、兵庫県尼崎市に会社直営の東難波3丁目教室を開設。子どもの幸せのためにも、親御さん自身の幸せのためにも、家庭の風土そのものをよりよい方向に導きたい。そのためには何より、子どもの小さな変化や成長を素直な心で喜べるぐらい、親御さんの気持ちが楽になってほしいとねがい、開設当初から親御さんとの面談に力を注ぐ。

教室で子どもたちを指導するかたわら、全国各地で教育講演会、指導者講座、社員研修の講師として活躍。どこにでもある親子の会話を、お母さん役、子ども役になりきって演じることを講話のなかに取りいれ、「聴衆の心」に訴えかける独自の講演スタイルは、場内に笑いや涙を誘うだけでなく、聴衆に勇気、元気を与え、圧倒的支持を得ている。

その教育論は、お母さんや子どもとの、日々の感動の実践から生まれたものである。

著書に『だいじょうぶ！「共育」でわが子は必ず伸びる』（くもん出版）がある。

かとうようこ

絵本作家・イラストレーター。

東京都在住。青山学院大学文学部日本文学科卒業。商社勤務を経て、絵本の世界へ。

主な作品に「みんなでんしゃ」「ぎゅうぎゅうでんしゃ」「ないしょでんしゃ」「ふらふらみつばち」（以上、ひさかたチャイルド）、「みてみて！」（ポプラ社）、「でっかいたまごとちっちゃいたまご」（WAVE出版）、「ひとしずくのお話」（くもん出版）などがある。

子供向けTV番組のイラストや、「絵本こそだて【ミーテ】」のキャラクター（公文教育研究会）などがある。

なぜか気持ちが楽になる子育ての本

2007年11月25日　初版第1刷発行
2018年 2 月 9 日　初版第7刷発行

著　者　**木全徳裕**
画　家　**かとうようこ**
装　丁　**渡辺ひろし**

発行人　**志村直人**
発行所　**くもん出版**
〒108-8617
東京都港区高輪4－10－18
京急第1ビル 13F
電話　03-6836-0301（代表）
　　　03-6836-0317（編集部）
　　　03-6836-0305（営業部）
ホームページアドレス
http://www.kumonshuppan.com/

印刷所　**精興社**

NDC 370・くもん出版・224P・19cm・2007年

©2007 Tokuhiro Kimata & Yoko Kato

Printed in Japan　ISBN978-4-7743-1348-1

乱丁・落丁がありましたらお取り替えいたします。

本書を無断で複写・複製・転載・翻訳することは、法律で認められた場合を除き禁じられています。

購入者以外の第三者による本書のいかなる電子複製も一切認められていませんのでご注意ください。

CD34183

木全徳裕・著

『だいじょうぶ！「共育」でわが子は必ず伸びる』

日々感動の実践から生まれた教育論

いままでの子育ての本では、「そうすると良いことはよくわかるけれど、実践するのは無理」とあきらめてしまうことがほとんど。しかし本書は、読むと気が楽になり、行動を起こしたくなる。

―本書には、ご自身の実践を通して体得された教育法が、具体的に述べられております。
そして、たくさんの実例が紹介されております。
この本は子どもを持つお母さんがたにとって、
一大光明の書となることはまちがいありません。―

（イエローハット相談役　鍵山秀三郎氏）